異性装

歴史の中の性の越境者たち

中根千絵 Nakane Chie
本橋裕美 Motohashi Hiromi
東 望歩 Azuma Miho
江口啓子 Eguchi Keiko
森田貴之 Morita Takayuki
日置貴之 Hioki Takayuki
阪本久美子 Sakamoto Kumiko
伊藤慎吾 Ito Shingo

インターナショナル新書 117

目次

凡例

作品本文の引用にあたっては、読みやすさを優先して、句読点や濁点を施し、適宜、かなに漢字を宛て、漢字をかなに改める、送り仮名を補うなどの変更を加えた。また漢字は通行の字体を用い、ふりがなは一部加除した。本文の仮名遣いは原文のままとしたが、ふりがなについては現代仮名遣いとする。

序章　古典の中の性の越境者たち――物語、演劇に描かれる異性装

中根千絵

物語、演劇上の異性装――性の越境を考えるヒントとして

　これまで、古典文学や古典演劇に描かれた異性装については、ジェンダー研究等を専門とする歴史学者の側からの分析、考察が主になされてきました。例えば、社会的、歴史的な観点から論じられた際には、放浪、逃走、武装、下働きなどの実利的な状況で異性装が多く見られると指摘されます。しかしながら、異性装がエンターテインメントとして提供される場合、あるいは、物語、芸能として享受される場合には、二つの性のジェンダーがせめぎあう、ゆらぎの瞬間が存在することを意識する必要があります。そこには、重ねてもなおどちらかの性を選ばざるをえない悲しみ、どちらの人生も謳歌する生きることの喜びといった感情、あるいは、現実の不条理な社会を風刺するような視点が存在しうるのです。虚構を描いた文学作品、演劇は、その時代の負っているものを背景にしてその時代の政治や文化の様相を映し出す側面はありま

すが、その内実は、総体的なものというより、むしろ、その時代における正統なものとされるところからあぶれてしまった個々の人びとの感情を写しとる場合が多いといえます。

個人的な体験にはなりますが、かつて、三島由紀夫作、蜷川幸雄《にながわゆきお》演出「卒塔婆小町《そとばこまち》」の舞台を観劇した折、襤褸《ぼろ》をまとった老いた男性が、しぐさと声と言葉遣いを変えた瞬間、華やかな舞踏会で踊る若い女性へと転じた時の驚きと感動は、今でも忘れることができません。男優が年齢も性別も越境していくその卓越した技術は、私自身、舞台のとりことなる瞬間でしたし、それは、私の認識する老若男女の別が、その身体的な状況というより、声や言葉遣い、しぐさにあることに気づかされた瞬間でもありました。

それが歌舞伎の場合なら、弁天小僧《べんてんこぞう》が女装でありながら、男性のしぐさ、言葉遣いをする瞬間に人々は心をぐっと引き寄せられることになるでしょう。それは、既成のジェンダーという縛りから心情的に解き放たれる瞬間を欲していることに関連するのかもしれませんが、同時に、その解放感が現実社会のそれぞれの性の既成概念の縛りが前提としてあることを露呈することにもなるでしょう。あるいは、観劇の空間で両性の要素をあわせもつものとして登場した人物に対して、かつて古代の人が思い描いた神の匂いの痕跡を感じとって惹きつけられた可能性もあるのかもしれません。

時代を超えての多様な生き方

本書では、二〇〇八年、三橋順子氏が『女装と日本人』(講談社)で論じたような、どちらかの性の部分を保留しながら、もう一つの性の部分を重ねる、といった意味合いでの異性装をとりあげたいと思います。三橋氏の論は卓見ではありながら、古典文学研究者の関連の論(児物語など)を追うことで現代異性装を見つめており、その対象は限定的でした。それは、これまで、古典文学や古典演劇を専門に研究する立場から同様のテーマのもとで分析した本が出版されてこなかったことに要因があるといえます。本書では、「時代を超えての多様な性、多様な生き方」をコンセプトとし、異性装を含む、女性が男性の振る舞いをし、男性が女性の振る舞いをするような物語や演劇の場面をとりあげ、古典文学を研究する専門家の立場から、主人公が異性装によってそれぞれの性のジェンダーの縛りからどのように解き放たれ、また、どのような結末を迎えるのか、各場面を丁寧に分析することで、古典文学から現代までの異性装を論じてみたいと考えています。

歴史研究と文学研究の大きな違いは、前者では、個々の作品を総体的に時代の産物として歴史の流れにあてはめてみる傾向をもつのに対して、文学研究では、一つの作品に焦点をあて、それぞれの本や脚本の成立状況などを個別に明らかにしていくことにあります。こうした分析手法は、多様な性、多様な生き方を是とする現代において、必要な視点でありますし、どの時代にも一様ではない人の生きざま、感情があったことを思わせます。個々の登場人物の感情表現もまた文学や演劇の醍醐味であり、どのような立場の人がどのような感情をもってその時代に生きていたのかを私たちに教えてくれるでしょう。

また、古典文学や古典演劇を現代的な視点から見ることで相対化される面もありますが、その作品の背景にある宗教を含む文化を理解して作品を読むことで、なぜ、その場面でその登場人物が涙しているのか、その時代の正統とされるものは何か、そこからこぼれおちるものは何かといったことが見えてきます。本書では、作品に記された一つ一つの表現を丹念に拾い、その作品の背景を追うことで、登場人物の形態、行為のみを簡単にまとめて現代的な視点から評価することから少し離れて、登場人物の生きざまへの興味といった視点から分析していきたいと思います。その結果として、本書をお読みになった読者の皆さまが、なぜ、いま、古典文学に現れる、ある登場人物には違和感をもち、ある登場人物には親近感をもつのか、そうした自分自身の無意識に有する現代文化の在りようを感じとっていただく機会となれば、うれしいとも思っています。

現代、セクシュアリティを決定づける要素には、「身体的性」「性自認」「性的指向」「性表現」があるとされ、様々なセクシュアリティをもつ人たちがこの世には存在します。この振り分けを考えるにあたって、その根本に意識されるのは、「女」と「男」という、その時代、あるいはその地域、あるいは個々人の生きてきた環境によって揺れ動く二つの性の文脈でしょう。トランスジェンダーの場合においてすら「女」と「男」の性を超えるという言い方をまずはとることになる現在、身体的性以外は、何をもって「女」とし「男」とするかは、それぞれを取り巻く環境や文化によって、本来、個々別々にしか認識しえないもののはずですし、それこそ多様な「男」と「女」の文脈の中にセクシュアリティは存するといえるでしょう。その場合、どのようなセクシュアリティであろうと、個々人が自由に、他人から疎外されることなく、そのセクシュアリティを楽しむことができることが何より大切であるはずです。

さて、このような社会的観点をふまえた時、異性装の物語を通して、実は、その社会がどのような服装、言葉遣い、しぐさを、「男」あるいは、「女」と規定してきたのか、あるいは、もともとそのような縛りがあったと思いこんでいるだけで、実はそれが近代以降に作られた概念かもしれないといったことに気づくことは、現在、自身がもっている既成概念を解き放つきっかけとなるかもしれません。そのことは、私たちにとって、もっと自由で多様な「男」と「女」、あるいは、そのどちらでもない性の振る舞い、在り方を喚起することになるでしょう。

性がゆらぐ時

異性装がエンターテインメントとして提供される場合には、その時代の文脈で規定される

「男」と「女」が重ね合わされることで生じる服装、言葉遣い、しぐさのゆらぎに、非日常的な想定の中での自由への共感、不自由への悲しみ、二つのジェンダー落差による可笑《おか》しみが生み出されることにもなり、それは、日常の私たちの視点を一八〇度変えることもあるでしょうし、その一瞬、日常の自分からは解き放たれた自由な自分を体験することもあるでしょう。

先ほどご紹介したような私自身の観劇経験からしても、男優が女装する、あるいは、女優が男装するような、一つの性にもう一つの性を重ねるような舞台上の技巧は、楽しめる要素の一つです。ところが、一九九二年、日本でテネシー・ウイリアムズ作「欲望という名の電車」の主役、女教師ブランチに男優を起用しようとしたところ、アメリカ人である原作者の遺族の理解が得られず、公演中止に追い込まれた経緯があったというのです。もちろん、舞台好きな人ならご存じのように、二〇〇一年には、篠井英介《ささいえいすけ》主演の同公演が好評を博することになるわけですが、三橋順子『女装と日本人』によれば、旧約聖書には異性装の禁忌《きんき》を記した箇所があるといい、そうした文化的背景が女教師を男優が演じることへの躊躇《ためら》いにつながっていることを指摘しています。本書においては、イギリスの演劇をとりあげた第六章で、阪本久美子さんは日本のオールメイルの演劇の評価とイギリスでのそれが現在、なお、異なっていると述べています。

日本では対外的なことを配慮した明治時代の異性装禁止を除いては、異性装への宗教上の禁忌の意識のないことも相俟《あいま》って、そうした設定については、古典文学、古典演劇から現代のドラマ、ラノベ、漫画、アニメに至るまで、多くの媒体で見ることができます。たとえば、現代サブカルでは、「男の娘《おとこ こ》」とよばれる設定の中でも、みかけは女装をしているもののボーイッシュなしぐさをするような設定のものが人気を博しています。「男の娘」の設定については、第七章の中で伊藤慎吾さんがその発生から展開までを詳しく論じていますが、「男の娘」は、『大辞林』に立項されており、二〇二二年名古屋で開催された「にっぽんど真ん中祭り」の配信動画の視聴者コメントでも流れていて、日本のネット社会ではなにげない場面で目にする言葉となっています。また、同じく伊藤さんが論じたコスプレも、「世界コスプレサミット」が開催されていて、そこには世界各国の人が参加しています。そうした一見、グローバルに認められそうな多種多様な異性装も現在なお、実は、各文化によって異なる認識の上に成り立っているのです。もちろん、本橋裕美さんが第一章の冒頭で述べているように、かつて多くの地域で異性装は存在していました。それゆえ、現代、異性装の禁忌が政策的に、あるいは宗教上の理由で行われていても、それぞれの文化に残された異性装の痕跡は各文化の中に見出すことができますし、それを楽しもうとする人たちは、各地域に存在するといっていいでしょう。

本書では、異性装の人物が現れるようなものを古典の中に見出し、それらを文学や演劇がどのように描き、演じてきたかを眺めてみたいと思います。そして、そうした古典文学の異性装がどう変化し、現代の文化（演劇、アニメ、漫画、ドラマ、物語、ＢＬなど）にどう生かされているかをみることで、現代文化を異性装の側面から捉え返してみたいとも思っています。

武装する女性――アマテラスから巴御前へ

さて、前置きが長くなりましたが、ここで、各章の内容を編者の視点を交えつつ、簡単にご紹介していきたいと思います。

第一章で本橋さんは、世界中の王権の由来を語る多くの神話に描かれる兄妹婚は、兄と妹が結婚することで一対となり、包括《ほうかつ》的な神性をもったのだとして、それが一人で体現される場合に女性に男性の姿を重ねる異性装が行われたのだと述べています。そして、その例に、アマテラスや神后《じんぐう》皇后を挙げています。どちらも女性が武装する形の異性装です。

一方、第四章で森田貴之さんが論じた「巴御前《ともえごぜん》」は、アマテラスや神后皇后と同様、女性が武装する形の異性装でありながら、そこには、神話由来の神性を見てとることはできません。現代の視点からみると、女性でありながら家の中に囲い込まれることなく、自由に自らの意志で戦う巴の姿は、颯爽《さっそう》とした異性装の姿にみえるものの、もともと『平家物語』では、武勇に勝れるから戦場に来ることになった巴が「女性」ゆえに最後まで戦うことを許されないという「女性」ゆえの制約を課されていて、諸本によっては、その悲しみが描かれている本もあるといいます。後には、巴像は、「恋人」、「妻」、「母」といった同時代のジェンダーにからめとられていくものの、その中には、「一緒に死ぬ」絆をもった乳兄弟（男性）の位置を獲得する言説もあり、そのジェンダーは、揺れ動いてもいます。そうした意味で、巴像が時代の変遷に応じて、常に注目されて描かれ方が変化していくのは、その時代の指標を示すようで面白いものといえるでしょう。ちなみに、ＮＨＫ人形劇「平家物語」では、妻の巴とは別に、義仲《よしなか》の前には、武勇に優れた葵《あおい》という女性が現れ、闘いも情事も共にし、「私は戦にも恋にも命をかけております」とのセリフを口にしており、三角関係の中で悩む巴は戦場にでていく決意をします。「巴御前」の武装には、神に課されるような超人的要素よりも、人間的な苦悩や悲しみが付随して語られます。

ところで、こうした巴のような大力《だいりき》の女性の演劇上の活躍は、江戸時代前期の古浄瑠璃「和国びじん哥争《うたあらそい》并《ならび》こそでうり」にも見られます。こちらは、鎌倉将軍に仕える御家人の家の執権である土田氏の女房がその大力と知恵で主人を助けて大活躍するというきわめて胸のすくストーリーですが、そこで面白いのは、土田の女房の言葉遣いもしぐさも夫とまったく同じであることです。それは、「『すいさん成やつばらかな、とかくのろんは無益《むやく》、ただふみやぶりてとおらん』といかりける」といったセリフや「土田夫婦、大音上げ、『ゑゝ、御所にての恥辱をすゝがんと、かさねて、はぢをかきたる、おかしや』とうちわらひ」といったしぐさにみえていますし、また、その活躍の様子も「つちだが女房、すいさんなるやつはらとて、七八人かいつかみ、かしこへ、くはらりとなげちらす」といった具合です。一方で、土田の女房が仕える姫君が家の恥辱《ちじょく》を雪《すす》ごうと意気込む場面では、母親が「男の身であっても大勢の敵の中では知略も手立もかなうまい、いわんや女の身では」とおしとどめようとしますが、姫は、「男女の形は変わるとも、心は、いかでかはるべき」と言い、母親と姫君との間に「男性」の身と「女性」の身との違いの認識があることが明らかとなっています。

土田の女房は、「二人を、にくさもにくし、ねぢころしてすて申さん」と最後まで戦場で大活躍します。主家の姫君が「女性」の身ではあっても心は変わらぬと言っているのも興味深いですが、そこに仕える身分の土田の女房が最後までその武勇における活躍が異性装である、とも特別なこととも記されず、当たり前のように描かれるのも面白いところです。

また、言葉遣いが男性と変わらぬ事例は、実は、平安時代末の成立である『今昔物語集《こんじゃくものがたりしゅう》』巻二八第一話にも見ることができます。名うてのプレイボーイ重方《しげかた》は、稲荷神社で美しく装った女性（「濃《こ》き打ちたる上着に、紅梅《こうばい》・萌黄《もえぎ》など重ね着て、生《なま》めかしく歩びたり」）に会います。衣装も美しい上に、誘いを断る声もとてもかわいい声です（「音《こえ》、極《きわめ》て愛敬付《あいぎょうづき》たり」）。ところが、実は、その女性は重方の妻が夫の不実を試すべく演じた姿だったのです。夫の不実を目の当たりにした女性は、「己は其の仮借《けさう》しつる女の許《もと》に行け。我が許に来ては、必ずしや足打折てむ物ぞ」と重方をののしります。恥ずかし気に振る舞うしぐさから一転してのこの怒りの言葉遣いは、このお話の肝ともいえる場面に現れますが、この女性は、中流の身分の者だったと考えられ、土田の女房のような身分の存在と重ねられるように思います。同時代であっても、その言葉遣いも行為も、一つの性に集約されることはないのです。それゆえ、現代から見ると、同じ言説の中に異なる位相《いそう》の言葉や概念がちりばめられたように見えるかもしれません。第三章の江口啓子さんは家格《かかく》という形で言及していますが、巴の場合に見られるように、武家の家の格が高いものとして認識されれば、武家の妻、母としての要素が強く意識された造形がなされ、古浄瑠璃「和国びじん哥争弁こそでうり」の姫君と同様に「女」の身としての悩みが描かれることになりますし、その身分がもう少し下がったものとみなされれば、言葉も行為も男性とほぼ変わらぬ自由な行動が違和感なく描かれるようになるのかもしれません。第五章で日置貴之さんが言及した、歌舞伎の立役《たちやく》によって演じられた「女武道」の役柄や、女形によって演じられた『女暫《おんなしばらく》』や『女鳴神《おんななるかみ》』といった演目は、こうした系譜に連なるものといえるでしょう。

男女入れ替わりの恋愛物語『とりかへばや物語』

さて、ここまで、女性が武装をするモチーフが人とは異なる神の力を顕現《けんげん》する上代《じょうだい》の神話から、力の強い普通の女性が武装する中世の軍記物語や近世の演劇までを見てきました。実は、その二つの時代の間には、『とりかへばや物語』のような男女が入れ替わって生活することで起こる様々なエピソードを描いた面白い異性装の物語が書かれています。こちらは、神格《しんかく》を示すような異性装とは一線を画すもので、人のきょうだいがその生まれもった性を偽って暮らしたらどうなるかという極めてエンタメ的なストーリーが展開されます。『とりかへばや物語』については、それぞれ別の切り口から本橋さん（第一章）、東望歩さん（第二章）、江口さん（第三章）が論じています。東さんは、もともと書かれた『とりかへばや物語』が現実にはあり得ない奇矯《ききょう》な設定の物語として展開され、理解されたのに対して、現在残っている『とりかへばや物語』が女君《おんなぎみ》の蘇生のくだり等を削除して、架空のお話をより現実にあり得そうな物語に改変したものであることを述べています。つまり、この物語の異性装は、もともと、もって生まれた性とは異なる衣装を着て、出産や月経を経験することへののぞき見的な視線をもって生まれた設定が、書き換え後の『とりかへばや物語』では、男女の暮らしを交換する中でのきょうだいの物語を支える一つの装置として機能するような設定に変化したということになります。

本橋さんは、性の定まらぬ不安定な時期に現れる男君《おとこぎみ》の女装をヤマトタケルに連なる系譜にあるものとして、それは成長期のみに現れるものとしています。これは、江口さんが日本中世の異性装物語の人物の条件を「男女の境界を越えうる身体とは、一つは圧倒的な美を具えている身体であり、もう一つは未成熟な身体」であると指摘したことと連動するものでありましょう。阪本さんもシェイクスピア作品の女性が役柄として重きをなすもの以外、少年によって演じられていたことを記しています。

さて、本橋さんは、「きょうだい」という設定が互いを補い合う神話のイザナキ・イザナミを彷彿《ほうふつ》とさせるものでありながら、女装する男君の性が不安定で、女東宮と関係をもってその暮らしを謳歌することになるのに対して、女君は性の問題を回避できずに、苦悩することになったとして、男装と女装の差異を論じています。東さんは、同箇所に関わって、月経については現在残る『とりかへばや物語』においても言及はされるものの、その描写そのものは削除されたと述べています。そうした性の生々しい部分を描かないことで、姫君が天真爛漫に男性の暮らしを楽しめない心情の方に焦点をあて、より姫君の気持ちに沿って現実的に見せることに腐心《ふしん》したことがうかがえます。それは、神のきょうだいの物語が人のきょうだいの入れ替わり物語へ、さらに入れ替わった男女の成長物語へと変化していった過程を示しているといってもいいでしょう。

さて、ここで重要なのは、なぜ、きょうだいが入れ替わることになったのかという問題です。東さんは、それを当時のジェンダー化された行動規範によるものとしています。幼少期、女君が屋外で蹴鞠《けまり》や小弓《こゆみ》に興じ、漢詩や管弦《かんげん》の宴に父大納言の隙をついて走りでていきます。一方、男君は、学問に興味を示さず、外にでることもなく、雛《ひいな》遊びや貝覆《かいおお》いをして遊んでいます。こうした行動や趣味が貴族社会の中で誤解を受けていくことになったのです。本橋さんは、女君の異性装は、アマテラスと同じく彼女のもともとの性質の発現であったとしています。従って、男装を解いたあともその性質は連続するものとして描かれると論じています。しかし、男君の方の異性装は、成長の一過程にすぎず、男性の生活に戻ったあとは、過去は断絶されたものとしてその出世の物語が描かれたことを述べています。

日本中世の女装、男装の恋愛物語

ここまで『とりかへばや物語』を中心にまとめてきましたが、江口さんはそれ以降の中世の異性装の物語『在明《ありあけ》の別《わかれ》』『風《かぜ》に紅葉《もみじ》』『児今参《ちごいままい》り』『新蔵人《しんくろうど》物語』について論じています。『とりかへばや物語』が最終的に月経や出産の生々しい描写を避けた形になったことは、先に述べた通りですが、中世の異性装物語では、見た目の身長の低さが主人公の美しさの欠点になるとして将来への不安につながることが語られていると指摘しています。ここでも身体的な問題が異性装の恋愛物語をすすめる上で大きな現実的障害として認識されることが示されています。また、異性装をするうえで問題となることとして、東さん、江口さんは、「髪」の長さを指摘しています。切る方は簡単ですが、伸ばすのはすぐというわけにはいきません。この髪の問題については、それぞれの物語が工夫を凝らしていて、東さんがその詳細を記しています。

また、『とりかへばや物語』においても『児今参り』においても、「添《そ》い臥《ぶ》し」という姫君の貞操を守る仕組みの中で同衾《どうきん》することが女装することで可能となり、恋愛を成就させる方途《ほうと》となっています。この同衾については、江口さんが、読み手には、異性愛と同性愛が重なり合う場として認識されたと述べています。児については、室町期の物語を専門とする伊藤さんも論じていますが、児は、聖性を帯びるものとして崇敬《すうけい》されていて、男の集団の中で、美しい存在でした。ただ、『児今参り』では、男の集団からでた児が女装して、見た目、女と女の性的関係を重ねていきながら、現実には、男女の異性愛的関係を結んでいた点が通常の児物語とは異なる点です。時代の現実に即しながらも、いわゆる物語の定型とは異なった児の「女性」性と「男性」性の両方を生かした物語内容が創作されている点は、注目しておきたいところです。この物語は、現代の「男」に付与される「男性」性、「女」に付与される「女性」性の既成概念をとりはらってくれる古典文学の一つといえるでしょう。

その他、江口さんは、最後に『新蔵人物語』という、それまでの異性装の物語の定型パターンとは異なる物語を紹介しています。この物語では、主人公の姫君の異性装は本人の自由意思によってなされていること、主人公の容貌の美質に関する描写がないこと、最後まで主人公の異性装が解除されないこと、主人公の家格が低いことの四つが特徴となっていることを指摘しています。『新蔵人物語』の主人公は、男になって走り歩きたいと感じれば、男装して男として振る舞いますし、姉が帝に寵愛されているのを見れば、私も女として参内《さんだい》して宮《みや》を産みたいと思います。彼女は、自分の欲望に沿って自由に行動しています。そのあたりが、それまでの苦悩する男装の女君たちとは一線を画すところで、現代の人たちから共感を得やすい主人公といえます。しかし、最後の出家という結末が幸福なものとして認識されたかどうかは、同時代の文化を理解して初めてわかることであり、江口さんはそれを丁寧に叙述しています。

歌舞伎に見られる異性装

日置さんは、歌舞伎における男装の女性の役柄の薄さを指摘していますが、女性の異性装は、白拍子《しらびょうし》や男舞《おとこまい》、東さんが言及した東堅子《あずまわらわ》のように、その一瞬、男性装束を身に着けて性に性を重ねるタイプの異性装に見られるような非日常的なものでなく、物語の役柄として描かれる場合、異性装を解いたあとの結末がさして愉快なものにならないということもその理由の一因のように思われます。すなわち、幼少期から大人にかけての成長の物語としての男性の異性装の物語がある一方で、もともとの性質とジェンダー規範が相容れない状況で異性装に追い込まれた女性の異性装の場合には、男装の異性装の解除という物語の結末にもたらされるのが、「男性」という枠組からは解放されても今度は「女性」というジェンダー規範に不本意にふたたびからめとられるという現実です。『新蔵人物語』では、出家という行為が幸福な結末を生んでいますが、それは中世の宗教文化の背景があってこその結末だったように思われます。カタルシスを求めるタイプのエンタメでは男装を解いたあとの女性の結末を描くというのは、ストーリー的に難しい選択であったのではないでしょうか。

日置さんは、男装の女性が登場する歌舞伎として、河竹黙阿弥《かわたけもくあみ》の『女書生《おんなしょせい》』を挙げています。『女書生』では、男装の姿である書生が美しい妾《めかけ》の衣装をまとった女性の姿に転じる場面が見どころの一つですが、彼女の根本にある立身出世、敵討《かたきう》ちという目的がまったくぶれないところに、ストーリーの妙味があったように思われます。また、言葉遣いも、鶴屋南北《つるやなんぼく》が書いた『桜姫東文章《さくらひめあずまぶんしょう》』の下層の遊女と高貴な姫の言葉遣いの入り交じった台詞を下敷きにして、女性である悪婆《あくば》と男性の書生の言葉遣いが入り交じったジェンダーを越境する台詞が書かれているといいます。この歌舞伎の成立状況について、日置さんは、その作品に関わったかもしれないという黙阿弥の娘、糸《いと》という現実の女性の視点が作品内の登場人物の造型に影響した可能性を述べています。この時代のジェンダー規範や異性装の禁止令ゆえに追い込まれていく主人公がもともとの性質を変えることなく、まずは「男」の姿として、次に「女」の姿として活躍する歌舞伎が明治期に存在したことはそれ自体、評価されるべきことでしょう。

第七章で伊藤さんは、近代に入って、稲垣足穂《いながきたるほ》や三島由紀夫が室町時代の児に能の幽玄な美や聖母崇拝を重ねて、その美しさを再発見したと書いていますが、それも近代に入ってとられ始めた政策と、男色を変態的行為と決めつける現実に対する一種のアンチテーゼだったといえるかもしれません。

男性集団、女性集団の演劇

ところで、阪本さん、日置さんは、宮中や大名屋敷では女役者がいたことを述べており、そのあたりの日英の共通点も国際的な観点からは面白いところです。日置さんは、その他、宝塚歌劇にも触れています。宝塚歌劇は、男性ばかりの歌舞伎に対して、女性ばかりの役者集団です。このような場合には、観劇する側の想像力と役者の技量が男女混合の演劇集団よりもより試されるといえるでしょう。このことについては、阪本さんの第六章に詳しい分析が記されていますが、通常、これらの演劇では、男性を演じる役者と女性を演じる役者が決まっていて、日々、それらしくみえるように日常の男女にはない声の作り方、しぐさが研究されて、男女の差異をわかりやすくみえるようにしています。それゆえに、どこかの時代、地域に存在した「男」と「女」の要素、階級がことばやしぐさや衣装に表れるようになっていて、そこも興味深いところです。どのような「女」と「男」の要素が前面にだされるかは芝居のストーリーや設定された時代、地域によっても違い、多様な「女」と「男」の在り方を堪能することができます。阪本さんは、男性ばかりの役者集団スタジオライフの「じゃじゃ馬ならし」がいかに現代の観客に受け入れられるような演出がなされたか、詳しく論じていますが、スタジオライフの場合には、あえて、女性の役に活発に高いところから飛びおりるような演出をすることもあり、通常の女性の動きと観客が思いこんでいる範囲を超えるような、アクロバティックな動きを背の高い男性の役者がして、観客の目を楽しませてくれたりもします。

このように、演劇は、「男」と「女」の差異の一部である声やしぐさや衣装といったものが、いつでも変更可能な見かけにあることを示してくれると共に、時折、人々が無意識にもっている常識を覆すような演出をみせてくれたりもするのです。

『南総里見八犬伝』の女装する信乃

最後に、黙阿弥の娘、糸も親しんだとされる曲亭馬琴《きょくていばきん》『南総里見八犬伝《なんそうさとみはっけんでん》』に描かれた異性装に触れて、序章を終えたいと思います。馬琴の生きた江戸時代の終わりごろには、歌舞伎役者の女形のほか、女装した男性もいたようです。馬琴は、随筆『兎園小説余録《とえんしょうせつよろく》』で髪型や帯などで女装をしつつ、歩き方は女性のようではない鍼医《はりい》の男性である「おかつ」のことを記述していて、ここからは、同時代、いきにぞろりと女性の着物を着こなす男性が現実に存在していたことが知られます。

しかし、馬琴の書いたものでもっとも興味深いのは、『南総里見八犬伝』の登場人物、信乃《しの》に女の子の格好をさせて武勇の優れた男子として描いたその理由です。『犬夷評判記《けんいひょうばんき》』中之巻において、登場人物の「男性」性と「女性」性に触れた部分にその理由が記されています。『南総里見八犬伝』の批評中の「なぜ、毛野《けの》も信乃も女性ではなく、仮の女子なのか」といった内容の問いに対して作者である馬琴は次のように答えています。

この段の批評はすべて作意と表裏なり。さりながら二編の附言《ふげん》にもいへるごとく最初の宿《はら》構《くみ》は発端までにていまだ八犬士の事に及ばず。しかれども初編の端像に八士のをさなだちを図せし時、聊《いささか》思ふよしありて信乃と毛野をば女子に画《えがか》せおきたる也。その故は信乃を八犬士列伝の第一番に出さん為也。八犬士の本伝詳《つまびらか》ならずといへども軍記に載《の》する所は皆丈夫《おとこ》なり。女武者は一人もなし。しからば八人悉《ことごとく》男にすとも難《なん》はなし。これを女子のやうに見せしは無益の趣向といはるゝはいまだ八士の興《おこ》る所以《ゆえん》をよく思はざる故なるべし。彼玉梓《たまずさ》は毒婦也。しかるも牡犬に生《なり》かはれり。伏姫《ふせひめ》は賢女也。その行状丈夫に勝れり。この因縁を趣向とせり。されば信乃は男子なれども仮に女子に扮《いでたた》せしはこれ伏姫は女子にして男子の気質あるを反復せり。この故に信乃をもて列伝の第一とす。且《かつ》出像《さしえ》には女子と見せて男子にしたるが作意なり。毛野が事はいまだ写出さず。故にこゝには分解しがたし。

(『犬夷評判記』中之巻)

すなわち、馬琴は、女子にして男子の気質ある伏姫の子である信乃を女子の見かけにして男子の気質ある者として造型したというのです。このように、見た目の性と気質の性を一人の人物に重ねあわせるような趣向を馬琴はとっています。これは、江戸時代初期の古浄瑠璃「和国びじん哥争弁こそでうり」の姫君の台詞「見かけは女であっても心は武家として男女同じ」に見られる認識とつながるものがあるかもしれません。

ところで、賢女《けんじょ》の行状は男子にまさるとするところから出発したその発想は、馬琴の言葉のセンスにも表れています。『南総里見八犬伝』第二輯巻之三第十六回において、後に信乃の親となる番作と手束が出会う場面で、番作は手束を悪僧の仲間と誤解しますが、手束は戦と病で父母を亡くしたこと、言い寄る悪僧を寄せつけなかったことを語り、身の潔白を主張します。それを馬琴は「雄々しき少女《おとめ》の物がたり」と評します。彼女は、番作が殺した法師の盗賊仲間と誤解されるのは父親の名を汚すものと必死に弁明しています。「雄々しき」と「少女」は、「男性」性を示す気質と「女性」性の見かけを示す言葉であり、その二つの言葉を掛け合わせて彼女を表現することで、彼女の賢女ぶりを示したといえるでしょう。このように、馬琴の『八犬伝』には、見かけと気質を「男性」性と「女性」性に振り分けて描き出される登場人物が多くいます。では、具体的に信乃がどのように描かれているか見てみましょう。そもそも信乃は、番作夫婦の間に生まれた男の子が以前に三人とも死んでしまっていたために、十五歳ま

図1　曲亭馬琴「南総里見八犬伝」（国立国会図書館）
信乃は15歳まで女の子の姿で育てられた。

で女の子の姿で育てれば恙《つつが》なく育つでしょうという手束の提案によって、女の子の姿で育てられることになります。その様子は「信乃が衣裳を、女服《おんなぎぬ》にせざるもなく、三《みっ》四歳《よつ》の比《ころ》に及びて、髫髪《いただき》おくほどにもなれば櫛《くし》挿せ、掻頭《かんざし》させて『信乃よ〳〵。』と喚《よ》びしかば、しらざるものはこの児《ちご》を、女《め》の子《こ》ならんと思ひけり。」のように、人目にも完全に女の子であったことが記されています。それが九歳になると、「骨逞《たくま》しく膂力《ちから》あり。」とたくましい身体に女服を着せられ、にょきっと足が出た姿になっていきます。信乃は里の子供たちにからかわれるようになりますが、恥じる様子はありません。

しかし、信乃は、ただ一人、自分だけ女

装させられていることをいぶかしく思っています。母の棺を見送る時も「すべて女の子の打扮《いでたち》して、母の棺を送りしかば、見るもの笑ひを忍びあへず、ゆきしより還るまで、指し密語《ささやか》ざるものなし。」といった具合に、女の子のいでたちゆえに、陰口をたたかれます。そして、ついに母親の中陰後、父親にその真相を尋ねるのです。すると父親は女の子の姿には丈夫に育つようにとの母の願いが込められているのだと伝えた後、次のように答えています。

むかしも今の男児《おのこご》は、十五歳まで女の子に比《たぐ》へて、額髪《ひたいがみ》を剃落《そりおと》さず、袂《たもと》長き衣を被て、紅裏《こううら》さへに許されしは、女の子に比へし証据《あかし》なり。又櫛笄は婦女のみならで、或は冠を串《とむ》るため、或は烏帽子《えぼし》の尻を昂《たか》くせん為、むかしは男子も挿たるなり。尓るをいと醜しとて、これを笑ふはしらずして、儵《しゅく》と忽《こつ》とが渾沌《こんとん》氏を、敗《そこな》ひたる惑《まど》ひにおなじ。

父親は、昔は、今と違って、男児も女の子の姿をしており、男性も冠や烏帽子をとめるために簪を通していたという話をし、そのことを知らないでその姿を醜いと笑うのは智恵がないからなのだから放っておけと信乃をさとします（『南総里見八犬伝』第二輯巻之四第十七回）。

ここからは、江戸時代の末、曲亭馬琴の話の中には、女装の姿の男性が多く描かれるものの、それは、成長してぶばった身体に似つかわしくない場合、現実には陰口をたたかれる対象であったらしいということと、時代によって、男女の衣装は、変わるものだという達観した意見が父親の口を通して伝えられていることが見てとれます。このあと、信乃が八犬士の一人として

図2　曲亭馬琴「南総里見八犬伝」(国立国会図書館)
初編の口絵では、信乃と毛野が女子の姿で描かれている。

大活躍することは、知っての通りですが、いじめにも屈せず、「今、女装と称される衣装は時代によっては、男性の衣装だったのだ」とさとした父親の手によって育てられた信乃の活躍は、現代の私たちから見ても、わくわくするものとして受けとめられるのではないでしょうか。

信乃の女装は、女の子に見まがう幼少期より後まで続き、本橋さんがヤマトタケルの系譜と位置付けた性の定まらない時期のみの『とりかへばや物語』の女装とは異なります。現代の歌舞伎や漫画の中の信乃はどちらかといえば、見た目はほっそりしていて女性的な美しさを有する中性的な魅力をもつキャラクターが期待されるように思われますが、実は、馬琴が描いたのは、そうした信乃の姿でなかったことはここで強調しておきたいことです。日本中世の異性装物語が恋愛ストーリーを中心とするがゆえに、その主人公が「圧倒的な美を具えている身体」であり、「未成熟な身体」であることが条件とされたのに対して、その中世の物語の定型パターンから外れていく信乃の設定の在り方は、異性装の物語にも多様性があることを示してくれるものです。

また、信乃の姿を侮蔑するような人々の視線に対して、信乃の父親が発した言葉も注目しておきたいところです。江戸時代の終わりごろに、今は女性の衣装であっても、かつては、男性の正式な衣装であったとする柔らかな物の見方が書かれていることは、いまの私たちにも少なからぬ驚きと共に新たな知的刺激を喚起してくれるでしょう。「男」の姿、「女」の姿が時代を経てもなお普遍のものではないことに馬琴は既に気づいていたのです。

最初に述べたように、ある社会や文化が規定してきた服装は、もともとそのような縛りがあったと思いこんでいるだけで、実はそれが作られた概念であることに、こうした物語は気づかせてくれることがあります。それは、現在、自身が無意識にもっている既成概念を解き放つきっかけとなるかもしれません。

表現媒体と今後の異性装の物語

このあとに続く各論考は、古典の中の主人公たちのお話ですが、そこには、現代に連なる大きな物語の流れがあると共に、時代によって、階層によって、容易に変化する「男」「女」の姿、役割、言葉の差異が見てとれます。また、江口さんや阪本さんの執筆の章に指摘がありますが、異性装の物語は、その表現媒体によって、読者（視聴者、観客）の捉えるイメージは大きく異なります。演劇では、声のトーン、しぐさ、衣装、照明と役者の身体の性の情報が総合的に観客にもたらされます。映像では、役者の身体の性の情報がよりリアルな視覚情報として、視聴者に届けられることになります。文字情報しかない物語や小説では、読者の想像力の中で、その姿態が造型されることになりますが、そこでは、個人の心情の部分が詳しく描かれる箇所が増えて、主人公の気持ちが直接的に情報として発信されます。『新蔵人物語』のような画中《がちゅう》詞《し》を有するような絵巻では、漫画のコマの説明書き部分とセリフと絵と同様の関係が生じ、そこには、馬琴の読本の工夫にも似た、絵の伏線からの物語内容における伏線の回収などが行われます。そのような工夫の中には、絵では、男性なのか、女性なのか、男装なのか、女装なのか、あえて情報をださないで、主人公たちの謎は後々の台詞で明らかになっていくという方法をとるものもあります。

執筆者それぞれが現代の異性装ものについて論じていますが、異性装物語が、男女の身体そのものを入れ替える物語につながっていることが東さんや江口さんによって指摘されています。また、伊藤さんも現代のライトノベル等の女体化のモチーフに触れています。男女入れ替え物は、現在、世界的に人気のモチーフの一つです。その肝となるのは、男女の生活、身体が入れ替えられることによる様々なハプニングです。これらは、『とりかへばや物語』『新蔵人物語』につながるような恋愛ものが多く、男女の恋愛、女性同士の恋愛、男性同士の恋愛、それらが入り交じった恋愛が描かれ、そこが一つのときめきポイントともなっています。

女性が異性装を解いたところで、不幸になる話型のパターンはこれらにはほとんど見られません。また、『幼女戦記』(ライトノベル原作、二〇一七年テレビアニメとして放映)のように、中年の会社員が幼女として戦うことになるような話では、地位と年齢と性の違いによる周囲の視線を面白く描いていますが、こうした話は、無意識に定型的に役割をあてはめてしまう私たちの日常の視点を反転させてくれるものとなるでしょう。

さらに、「男女入れ替えもの」の先には、アバターを使った現実の肉体とは異なる仮想空間の恋愛の物語の創造があるのかもしれません。その場合には、個々人によって異なる、「男」「女」を超えたきゅんとする恋愛ポイントがより先鋭的に表現されるようになってくるように思われます。伊藤さんは、現代の「男の娘」の存在が作品の中でヒロインとして描かれ、さらにリアルな女装家や女装願望者に二次元的偶像として理想視されてきたことを指摘していますが、ここでも、二次元と三次元の間の関係性の中で新たな形が再構築されるかもしれません。

また、歌舞伎においては、二〇一九年、京都南座では、現実の肉体をもたぬ初音ミクと歌舞伎役者の共演が行われており、こうした新たな試みが従来の「女」「男」のイメージを超えて演出され始めています。異性装物語の今後の展開もその時代と、そこに生きる人々の多種多様な個性を映し出すものとして、ぜひ注目してほしいと思います。

〔付記〕『南総里見八犬伝』の基礎的な事柄については、馬琴研究者の三宅宏幸氏より種々、御教示を賜りました。ここに御礼申しあげます。

第一章

異性装を解いた彼ら／彼女らはどこへ向かうのか

本橋裕美

古くて新しい異性装

前近代社会において、異性装は特別めずらしいものではなかったと言ってよいと思います。それは日本に限らず、世界のさまざまな文明において、そうであったと言えるでしょう。もちろん、異性を装う人々が「普通」であったとは思いません。そこには差別も弾圧もあったはずです。しかし、彼ら／彼女らは社会のなかに確かに存在していましたし、社会はそうした存在を時に許容し、時に拒否しながら成り立っていました。異性装を含む逸脱した性のあり方を持つ人々を「不在」の存在として扱ったのは、近代という人類の歴史のなかのほんの一時のことなのです。

本章では、日本の古い時代の異性装を繙《ひもと》きながら、現代の作品との共通点や今なお残るフェミニズム的な課題にも触れていきたいと思います。

アマテラスの異性装

『古事記』や『日本書紀』に代表される日本神話は、西欧の代表的なキリスト教文化の視点から見れば、あまりにも多くのタブーで形成されています。そもそも、日本神話において世界をかたちづくった最初の神とも言える夫婦神イザナキ・イザナミは、兄妹として登場します。近親相姦は多くの文明でタブーとされており、日本も例外ではないのですが、一方で兄弟姉妹でも母親が同じでなければ構わないという時代は有史以来、長く続きました。鎌倉時代に至っても、歓迎されるものではないものの、異母兄妹の恋の例は文学にも歴史にも少なくありません。
日本古代の異性装の問題を語るにあたっては、日本神話における兄妹意識が深く関係しています。兄妹であり、一対の夫婦にも互換される密接な関係性を「妹背《いもせ》」と呼びますが、イザナキ・イザナミに代表される妹背関係は相互補完的なものであり、ふたりは主従ではなく、極めて近しい一対の存在です。有名なイザナキ・イザナミの結婚の場面を見てみましょう。

（イザナキ）「我《あ》が身は、成り成りて成り余れる処一処《ひとところ》在り。故《かれ》、此の吾が身の成り余れる処を以て、汝が身の成り合はぬ処を刺し塞ぎて、国土《くに》を生み成さむと以為《おも》ふ。…」（中略）伊耶那美命《イザナミノミコト》の先づ言はく、「あなにやし、えをとこを」といひ、後に伊耶那岐命《イザナキノミコト》の言ひしく「あなにやし、えをとめを」といひき。各《おのおの》言ひ竟《おわ》りし後に、其の妹に告《の》らして曰ひしく、「女人の先づ言ひつるは、良くあらず」といひき。

（『古事記』上巻）

（イザナキが「私の身には、完成して更に余るところが一箇所ある。だから、私のこの余っているところで、おまえの体の足りないところを塞いで国を生もうと思う」と言って〈宮柱を巡る婚姻の儀式をしようとして〉イザナミがまず「ああ、愛しい男よ」と言い、次にイザナキが「ああ、愛しい女よ」と言った。それぞれ言い終わったあとで、イザナキが妹に、「女が先に言ったのはよくなかった」と言った。）

この場面で、ふたりの婚姻は失敗しています。失敗の原因は、最初に女性であるイザナミが声を掛けてしまったから。日本神話における最初の婚姻が、女性の声で始まる可能性があったと記されたことは重要だと考えます。なぜなら、そこに書き込まれているのが、日本神話が作りあげようとした秩序以前に存在したであろう文化の痕跡であるからです。そして、その痕跡はことあるごとに顔を出します。異性装だけでなく、さまざまなセクシュアリティを描く日本文学、あるいは多くの女帝を許容してきた日本の歴史は、イザナキ・イザナミを同質のものと捉えていた文化を痕跡として底流させた思想に支えられてきたのではないでしょうか。

さて、イザナキ・イザナミが多くの神々を生んで退場したのち、その子どもにあたるアマテラスが登場します。神々の暮らす高天原《たかまがはら》を統治するアマテラスのもとへ、本来は海原を治めるよう定められたはずの弟・スサノオがやってきます。ここにも、兄妹（ここでは姉弟）関係が登場しているのです。しかし、アマテラスはスサノオが「自分を攻めてきた」と解釈します。ここに、男装するアマテラスが描かれます。

「我がなせの命の上り来る由《ゆえ》は、必ず善き心ならじ。我が国を奪はむと欲《おも》へらくのみ」とのりたまひて、即ち御髪を解き、御みづらを纏《ま》きて、乃ち左右の御みづらに、亦、御縵《みかづら》に、亦、左右の御手に、各八尺の勾璁《まがたま》の五百津《いおつ》のみすまるの珠を纏き持ちて、そびらには、千《ち》入《のり》の靫《ゆき》を負ひ（中略）「何の故にか上り来たる」ととひき。

（『古事記』上巻）

（アマテラスは「私の弟が高天原に上って来るのは、きっと善い心ではない。私の国を奪おうと思ってやってくるに違いない」と仰せられて、すぐに髪をほどいて、みずらに結い直し、左右のみずらとかずらと手とに、たくさんの勾玉を長く通した飾りを巻き付けて、鎧の背に、千本も入った矢を入れて背負い（中略）「何のために私の国へやってきたのか」とスサノオに問いかけた。）

スサノオを迎え撃とうとするアマテラスは武装します。髪をほどいて、男性の髪型に結い直し、武器を携えて、明らかに男性として戦う姿勢を示します。アマテラスの異性装は、戦いの

図1　松本楓湖「天照大神と須佐之男命」（広島県立美術館）
スサノオを迎え撃つため男装するアマテラス。

ためにありました。詳しくは省略しますが、スサノオに戦いの意思はなく、このあとアマテラスとスサノオは子どもを生む勝負をしています。引用の冒頭にある「我がなせ」は「私の兄弟」の意で、ふたりはイザナキ・イザナミのように夫婦神にもなり得る姉弟なのです。しかし、アマテラスは異性装を経て、女性神でありながら男性性をも体現できる唯一無二の神として成長していきますし、一方のスサノオは、アマテラスを頂点とした秩序が形成されるなかで、高天原から追いやられていきます。

近しい妹背であるイザナキ・イザナミは、一対であることで安定した神として力を発揮しました。それに対して、アマテラスはスサノオと一対になるのではなく、両性を兼ね備えることで、彼女単体で皇祖神にふさわしい神格を示したのです。中世以降、アマテラスは男性か女性かという大きな議論が巻き起こるのですが、『古事記』や『日本書紀』を素直に読めば、アマテラスは明らかに女性神として描かれています。性を越境させることは日本文学における英雄の条件ですが、その始まりがアマテラスという女性神にあることは、改めて確認しておきたい点です。

ただし、戦う意思を示すためのアマテラスの男装は結局のところパフォーマンスとして終わっています。彼女の成長譚は天岩戸《あまのいわと》籠りの方にあります。これも著名な神話ですが、このあとアマテラスはたスサノオの乱暴なふるまいに嫌気が差して天岩戸に隠れてしまいます。彼女を喪失することで、太陽神としての性格が確認され、また彼女を外に引き出すために高天原の神々が協力することで、彼女を頂点とする秩序が形成されるのです。天岩戸神話に先行して描かれる男装して戦うアマテラスは、成長して獲得した神格というより、それ以前から持っていた性質の発現と言えるでしょう。異性装が成長過程のなかにあるか、ずっと維持される性質であるのか、というのは重要なポイントです。

『とりかへばや物語』の異性装

少し時代が飛びますが、異性装を語るうえで欠かせない作品として、平安時代末期から鎌倉時代初め頃に成立した『とりかへばや物語』があります。いま我々が読むことのできる『とりかへばや物語』は、もともとあった古い『とりかへばや物語』を改作したもので、古いものは散逸してしまって詳細はわかりません（『とりかへばや物語』の古本、今本については、第二章に詳しく論じられています）。

物語の技法としての異性装は、院政期（平安時代末期）の文学、また中世（鎌倉時代～室町時代）王朝物語にも散見されます。たとえば成立年代の近い『在明《ありあけ》の別《わかれ》』は、『とりかへばや物語』と同じく女主人公が官人として出仕し、結婚や出産の問題が語られていきます。そうした物語が成立する背景には、先行する『源氏物語』の光源氏や『狭衣《さごろも》物語』の狭衣大将などのように中性的な美質を持つ主人公の存在があったことでしょう。異性装をめぐる物語は、文学史上に突然、登場したものではないのです。

では、異性装の物語として『とりかへばや物語』を特筆するのはなぜでしょうか。それは、この物語がまさに「とりかへ」を主題としているところにあります。「とりかへばや」とは、「取り替えたい、入れ替えたい」という『とりかへばや物語』の主人公の父の言葉です。社交的な娘と、内向的な息子は、同世代。世間は人前に顔を出す娘の方を男の子、表に出てこない息子の方を女の子と認識します。肉体的な性と社会に求められる性質が一致しない彼らは、誤認されたまま社会に出ることになります。すなわち、娘が男として官人になり、息子が女として宮中に出仕するのです。物語は娘を軸に進み、思ったよりも窮屈な官人生活や結婚、妊娠、出産などの葛藤が描かれていきます。一方で、女東宮《おんなとうぐう》に仕えるため尚侍《ないしのかみ》として出仕《しゅっし》した息子も、女東宮を妊娠させてしまうなど、性を偽ったゆえの問題を引き起こしていきます。『とりかへばや物語』の特筆すべき魅力は、この「とりかへ」、つまり一対の兄妹のあいだで異性装が生じているところにあるのです。

『とりかへばや物語』の女主人公は、幼少期、快活で無邪気な性格でした。男として元服することになっても、「他にもそういう人はいるだろう」という気楽さで社会に出ていきます。しかし、貴族社会の情報網は身近な人からの伝聞しかないので、子どもの認識などその程度です。しかし、女主人公はあまりに聡明な子で、実際に出仕してみると自分のような者は他におらず、人と異なる自分をうまく隠して生きていかないといけないということに気づいてしまいます。

一方の男君、女装の尚侍はどうでしょうか。先に述べたように、『とりかへばや物語』には女東宮がいます。『とりかへばや物語』の冒頭の帝である朱雀院《すざくいん》には男の子がおらず、東宮に譲位する際、ただ一人の娘である女一《おんないち》の宮《みや》を東宮に立てたのです。ところが、この女一の宮は母后《ははきさき》を早くに亡くしていて性質も幼く、乳母など周囲の教育係にも恵まれていませんでした。乳児期から養育を担当する乳母は女性の成長に大きな影響を及ぼします。女性としての処世術を持たないまま高い身分に置かれた女東宮のため、父院は女装の男君に白羽の矢を立てます。女東宮の後見としての出仕を誘うと、男君の処遇に悩んでいた父はこれも宿命とそれを受け容れるのです。『とりかへばや物語』の女東宮は、結局、即位することなく女院《にょいん》になりますが、父朱雀院は彼女の即位を望んでいたようにも見えます。いずれにせよ、女東宮という特殊な存在がいなければ、男君が出仕することもなく、「とりかへ」の面白さは際立たなかったことでしょう。

男装の女君と大きく異なるのは、男君が宮中生活を楽しんでいる点です。尚侍として出仕した男君は、毎夜、女東宮と寝所を共にします。尚侍が女東宮と肉体関係を持つのは、出仕してそう長くは経っていない時期でした。女東宮は幼く性の知識にも乏しいため、その行為の意味するところを理解しないまま、尚侍に懐いていきます。女東宮にさまざま教えつつ過ごす宮中の日々は、男君にとって思いの外、満ち足りたものでした。

男装の女君が人と異なる身に苦悩し、また宰相中将《さいしょうのちゅうじょう》に迫られて秘密を暴かれ、妊娠によって男装を解かざるを得なくなること、同じ宰相中将に自身の妻である右大臣家の四の君《よんのきみ》に通じられたことなどによって憂いを深めて失踪へと追い込まれていくのに対して、女装の尚侍は、失踪した女君を捜すため男装になる時も未練がありません。女君と再会し、出産を終えて子どもも手放した彼女が「とりかへ」を果たして女として生きようとする時にも、男君は彼女の逡巡を理解することができないのです。

女君にとって、異性装を解くことは、それまでの人生を否定するようなものです。彼女には、男装で立派に身を処してきたという自負があり、妊娠出産というままならない体を抱える期間こそ人の世話になったものの、その先は出家という道を思い描いていました。不本意な出産とはいえ生まれたばかりの若君を振り捨ててきたことへの葛藤があり、女の姿になることそのものへの恥ずかしさもあります。『とりかへばや物語』のふたりは、そもそも異性装で生きてきたのであって、女装は女君にとって、却って「普通ではない」姿です。

結局のところ、女君は「とりかへ」に同意し、女姿になって尚侍として出仕します。女東宮の妊娠に気づいた女房の相談に対して応答する姿が次のように語られます。

さは言へど男の御身にて馴らひたまひにし御心なれば、道々しくあるべきさまも思しまはされて、さりとて我さへ知らずと言はんも宮の御ためいとほしく、まことにとかくおはしまさんほども同じ心にこそはなど思して、（略）（『とりかへばや物語』巻四）

（そうは言っても男性として世に交じらっていらっしゃった御心なので、筋道をたてたあるべき対処法についても思い巡らせて、だからといって自分も何も知らないと言ってしまうのも、女東宮のために可哀想なことで、とにかく本当に出産に向けて気持ちを合わせて協力しなくては、などとお思いになって）

異性装を解いた女君は、男装時代の経験を生かして活躍します。女君が、それまでの人生を否定するもののように感じて躊躇した女姿への変身でしたが、男装時代のことは彼女の中に蓄積されたものとして、しばしば顔を出すのです。『とりかへばや物語』の女君の異性装は、アマテラスと同様、もともとの彼女の性質の発現でした。だからこそ、異性装を解いたあとも、その性質は連続するものとして語られていくのです。

『とりかへばや物語』の男君とヤマトタケルの異性装

男君の異性装は先に述べた、成長過程のなかにある異性装でした。特異なものではあるでしょうが、子ども期と成人とのあいだに挟まれた、性的に不安定な時期に過ぎません。だからこそ、女装を解いて男装になった男君は、女装時代のことを過去のものとして切り捨てていきます。その象徴として、女東宮との関係があります。

尚侍として共に過ごすなかで女東宮と肉体関係を持ち、彼女がそのために妊娠していることに気づきながら、男君は女装を解いて、失踪した女君を捜しに行きます。女装を解いて男姿になるということは、どのような結果であろうとも女東宮とそれまでのような関係に戻ることはできないということです。女装を解く唯一の心残りとして、女東宮と手紙を交わし、その心細げな女東宮の返事をそっと懐に入れて、男君は出立します。女君を見つけ出し、「とりかへ」を果たして男性としての生活を軌道に乗せていくと、その関係性は変わります。

男君は、女装を解いたあと、もともと女君が妻としていた右大臣家の四の君と関係を持ちます。また、ふたりの「とりかへ」にも協力した吉野宮《よしののみや》(朱雀院の弟で、隠遁生活を送っている)の姉君も妻として迎えています。そのほかにも関係を持つ女性はいますが、四の君と吉野宮の姉君はとりわけ美しく聡明な女性で、男性としてそうした女性たちと付き合っていくと、女東宮と比べる気持ちが生じます。かつて朝に夕にともに過ごし、子どもまでなした女東宮ながら、客観的に見ると優れた女たちに見劣りする、とあっさり断じていきます。一方で、そんなことを考える自身の心を恥じる気持ちも持っています。女東宮に対するこの薄情さは批判されて然るべきでしょうが、男君にとって、女装時代の恋人とはそれだけ切り離された存在なのです。もちろん、男君はのち即位せずに女院となった女東宮を政治家としてきちんと支援しています。女院の産んだ若君も、男君の両親に大切に育てられます。

男君の異性装は、成長の一過程に過ぎず、男性としての生を歩み始めて振り返るとき、大きな断絶のある過去としてしか意識されないのです。ことあるごとに男装時代を思い出し、その経験が生かされる女君が、男装時代を連続した過去として捉えていることと対照的です。

この「成長の一過程」としての異性装の淵源《えんげん》を訪ねてみると、『古事記』のヤマトタケルに行き着きます。彼は父天皇に命じられて西の方にいる熊曾建《くまそたける》を討ちに行きます。強い相手である熊曾建兄弟を討つため、ヤマトタケルは計略を練りました。それは宴会に入り込み、気の緩んだ彼らを討つというものでした。どうやって宴会に入り込むか。その手段が女装でした。

少女の姿に変装したヤマトタケルの可愛らしさに、熊曾建たちは大喜びで招き入れます。油断した彼らはその後、ヤマトタケルによって討たれますが、ヤマトタケルの「タケル」はまさに彼らからもらった名です。若く中性的な自身を生かして女装し、敵を討ち、名を得る。この熊曾討伐は、ヤマトタケルが大人になっていく過程です。しかしその後、特にその経験が生かされることはありません。大人になったヤマトタケルの周りには、彼を支える女性たちが侍っています。彼は勇敢に戦えばよいのであり、女性の力が必要なときは、土地の女性と関係を持って協力を得ていきます。成人以後の彼の英雄譚は、むしろ女性を惹きつけてやまない男性としての魅力に満ちています。

ヤマトタケルと『とりかへばや物語』の男君は、程度の差こそあれ、若き日に異性装ができたという点で共通します。どちらかといえば、一時の計略のために女装したヤマトタケルと比較すべきは、スサノオと戦うべく男装したアマテラスの方かもしれません。しかし、自分を補う男神を求めるのではなく男装したアマテラスのあり様と、妻を持たない時期だから女装できたヤマトタケルとは、やはり本質的に違うものと見たいところです。そして、男性として成人できるようになるまで女姿で守られていた『とりかへばや物語』の男君は、自分を満たしてくれる女を求める男に成長していくという点で、ヤマトタケルの系譜に連なるものと言えるでしょう。

古代の異性装におけるジェンダー

ここまでイザナキ・イザナミの一対の夫婦神から、性を越境する女神としてのアマテラス、女装するヤマトタケル、そして『とりかへばや物語』の男君と女君とを確認してきました。『とりかへばや物語』は中世の作品ですが、交換可能なふたりの〈きょうだい〉（誕生の先後がはっきりしないので、こう呼んでおきます）の異性装は、遥か神話の時代まで連綿と続く異性装を照らし返すものとしてあります。

イザナキ・イザナミを一対の力ある神として見るとき、そこには男女が一対になる＝夫婦神への信仰がありますが、一方でふたりはまさに〈きょうだい〉であり、不足を補い合う身体を持つと同時に、互換可能な存在です。夫に妻が付き従うような発想は、ここにはありません。男が先に声を掛けないと結婚が失敗するという思想が示されてはいますが、本質的には同体の神なのです。神にとって子生みは男女関係なく可能なことですから、身体的な差は単なる形状の差に過ぎないと言えるでしょう。

アマテラスは対になることが可能な〈きょうだい〉がいますが、性を越境した特別な神の位置に立ちます（実はツクヨミという別の神も〈きょうだい〉として誕生しています。このツクヨミについてはわからないことが多いので、ここでは触れません）。こうしたアマテラスのあり方を裏返せば、強い力を持つ女神が君臨するためには、男性性を帯びなければならなかったと言えるでしょう。性の越境が、実はジェンダーバイアスを浮き彫りにするのです。

『とりかへばや物語』が照射するのは、まさにこの点です。女君が自身の男性性を抱え込み、葛藤しながら維持していくのに対し、男君は女装時代を過去のもの、連続しないものとして位置づけています。男君の異性装時代は、女装可能な美しさとしては十分に影響を残しながらも、精神において非常に遠いところにありました。

男性の女装が未成熟の身体を必要とし性的にも不安定なものであるのに対し、女性の男装がまさに性の越境を示すがゆえに実質的には妻や夫という補完する相手を持てないものとなる、〈きょうだい〉の異性装は、そうした異性装がもたらすものの差を浮き彫りにします。男装の女性が形式以上の妻や夫を持てないのは、部分的に女性として振る舞うことへの葛藤があるからです。『とりかへばや物語』の女君には、男装と女装を行き来するという発想がありません。男君が女装したまま女東宮と肉体関係を持つのとは意識が大きく異なります。

古代の男装を描くものが、実は『日本書紀』にもう一例あります。神功《じんぐう》皇后です。神功皇后は、夫である仲哀天皇を亡くし、妊娠中の身で新羅《しらぎ》（朝鮮半島）に出兵します。

神功皇后の男装には、戦に向かう並々ならぬ決意が示されています。『とりかへばや物語』の女君のように、それは秘匿されたものではありませんが、常に男としてふるまわなければ、異国の敵はもちろんのこと、臣下たちにさえ裏切られる可能性があるのです。そのため、神功皇后は石で腰を押さえて出産をも遅らせ、戦を終えて戻った時にようやく子を産むことができました。

ちなみに、ここでは触れるに留めますが、中世の絵巻で『新蔵人《しんくろうど》物語』というものがあります。これも男装して宮仕えする物語ですが、これまでの男装した女性たちと異なるのは、主人公の新蔵人が男装のまま帝と肉体関係を結んでいくことです。その結末が『とりかへばや物語』のような女性としての栄華を極める大団円ではなく、出家して仏教的な救いへと向かっていく点も興味深いところです（『新蔵人物語』については、第三章に論じられています）。神話世界の異性装に結末を見るのは難しいのですが、次節では、現代の漫画と比較しながら異性装の結末について考えてみたいと思います。

『花ざかりの君たちへ』の結末から

異性装をめぐる漫画は、数多くありますが、今回は中条比紗也『花ざかりの君たちへ』（白泉社、一九九六-二〇〇四）と渡辺多恵子『風光る』（小学館、一九九七-二〇二〇）を取り上げてみたいと思います。両方とも完結した作品なので、結末にも触れることをお伝えしておきます。

『花ざかりの君たちへ』は、二〇〇七年にテレビドラマ化され、台湾版や韓国版も作られるなど、人気を博した作品です。性別を偽って私立桜咲《おうさか》学園という男子高校に通う芦屋瑞稀《あしやみずき》という女性が主人公です。男子校というだけでなく寮生活を送るところが特徴で、主人公の男装の動機は、その男子高校に通う佐野泉《さのいずみ》という男性への憧れです。主人公は、高跳びの中学生チャンピオンだった佐野と同じ高校に通うため、アメリカから単身、日本に渡ってきたのでした。佐野と寮で同室になり、男装がばれないかとハラハラしながらも、イベントの多い高校生活を明るく楽しむ姿が魅力的な作品です。ちなみに、物語のかなり序盤で、佐野は脳しんとうで倒れた主人公を抱きかかえた際に彼女が女性であることに気づいています。ただし、佐野が主人公

図2　中条比紗也『花ざかりの君たちへ』（白泉社）
女であることを言えないまま進む捩れた恋模様はここで終わる。

の正体を知っているという秘密は、読者だけが知るもので、それが主人公に明かされるのは物語の終盤です。主人公の行動にはかなり迂闊なところがあり、彼女の男装生活を助けてくれる校医・梅田にも早々に見破られるなど、彼女の秘密を知る人は意外に多いのです。

彼女の男装は、佐野とともに過ごすという目的のもとに行われています。そのため、自分の女性性を隠したいという気迫には欠けます。古代の女性の男装とは意識が異なり、むしろ女装を手段として用いたヤマトタケルのあり方に通じるかもしれません。他の登場人物のなかにも、同性を恋愛対象とする梅田のような存在がおり、外見、内面、さまざまな点からジェンダーに寛容な空間が設定されているため、性の偽装は、当事者ほどには深刻な問題として語られていかないのです。

男装との向き合い方が大きく変わるのは、ついに女性だと暴かれていく場面です。物語の終盤、主人公は佐野と関係を深め両思いになります。しかし、主人公の認識では、ふたりはその時点で「男同士」としての両思いなのです。嘘をつき続けることを拒んで、佐野に話さなければと決意するタイミングで、主人公が男装していることがまず寮長たちにばれてしまうのです。

女性であることが寮長たちによって明らかにされるとともに、その騒動のなかで、佐野は主人公に「…ずっと前から知ってたよ」（『愛蔵版　花ざかりの君たちへ』12）と告げます。女であることを言えないまま進む捩れた恋模様はここで終わり、ふたりは互いの感情を確認し、寮長たちと向き合います。彼らにこれからどうしたいか問われた主人公は、「もしかなうなら…みんなと一緒に桜咲を卒業したいです…！」と答えます。

しかし、寮長たちに在学を許されても、さまざまなところから噂が広がっていきます。先輩たちの卒業式準備の慌ただしさの中で主人公がケガをした際、胸元があらわになったことが決定打となり、主人公は卒業式当日に退学届を出して桜咲学園を去ります。一人静かに去ろうとする主人公を、第二寮の仲間や寮長たちが「おまえの卒業式だ」と見送ってくれるところは、まさに本作のモチーフである「花」に彩られた感動的な場面です。

学園内に噂が広がり、学校側に知られるのも時間の問題という緊迫した場面で、主人公たちのいる第二寮の寮長である難波が主人公に花桜会の制服を渡しています。花桜会は寮長の所属する組織で、それは主人公が次の寮長に指名されたということを意味します。桜咲学園の寮長は絶大な権限を持ち、主人公たちの憧れの先輩であり、よき理解者でもありました。主人公には、桜咲学園の象徴とも言うべき寮長としての活躍が期待されたわけです。男装であることを知られた主人公が、それを許されて寮長として学園に残るとすれば、物語は新たな展開を見せたことでしょう。それこそ、男装の麗人を描いた漫画の最高峰とも言える池田理代子『ベルサイユのばら』(集英社、一九七二－一九七三)のオスカルがアンドレを伴侶として戦いに身を投じたように、佐野とともに寮を、学園を動かしていく物語です。

残念ながら、その物語は実現せず、主人公は男装を解いてアメリカへと戻っていきます。そして一年後、桜咲学園を卒業した佐野が渡米し、仲間たちのその後にも触れながら幸福な日々を過ごしていくところで物語は終わります。

『花ざかりの君たちへ』の異性装は、エンターテインメント性の高い、手段としての男装でした。ただし、それが外部からの要請によって強制的に解かれようとするとき、主人公の「どうしたいか」「どうありたいか」という問題が浮かび上がってくるところに、古代と繋がる女性の異性装との連関が見えるように思います。男装する女性には、男装のままでなければ成し遂げられないものが見えてしまう。『花ざかりの君たちへ』の主人公は、『とりかへばや物語』の女君と同様、男装を続ける生活を選べませんし、選ばなくとも女性としてのハッピーエンドに進むことができます。しかし、それはあくまで「エンド」であり、男装を解いたあとの物語はほとんど語られません。男装の女性は、男装時代に輝きがあるのです。

『風光る』の異性装のゆくえ

『風光る』は幕末、壬生浪士組《みぶろうしぐみ》（のちの新選組）に性を偽って入隊した神谷清三郎《かみやせいざぶろう》（富永セイ）が主人公です。彼女の目的は、父と兄の仇討ち。兄がもともと壬生浪士組に志願しようとしていたため、その遺志を受け継いで武士となり、仇討ちを果たそうとしています。主人公が女性だと気づいた沖田総司の支援のもと、無事に仇討ちを果たしますが、その後も沖田の傍にいることを決めます。主人公は「武士」でありたいと常々思い、口にもしますが、その「武士」のあり方は、仇討ちから、沖田を守ること、また近藤勇や土方歳三などとともに新選組の一員として生きることへと変化していきます。

『風光る』と『花ざかりの君たちへ』に共通するのは、主人公たちが所属する空間が、性に振り幅のある男性コミュニティだという点です。『風光る』では、「衆道《しゅどう》」という表現があり、男色ではなく男性同士の精神的な結びつきを重視する密接な関係として登場しています。可愛らしい顔立ちの主人公は、この「衆道」を前提に隊士たちから言い寄られることがあり、また沖田との親しさも衆道関係として認識されます。入隊時点で一五歳という年齢の若さもあり、主人公の中性的なさまは比較的、容易に受け容れられていきます。また、初潮を迎え、身体的に女性性を増していく主人公のため、医師である松本良順が「如心遷《にょしんせん》」という体が女に変わっていく病をねつ造してくれます。松本良順はすぐに主人公の男装を見破り、主人公を娘のようにかわいがってくれる人物です。この松本良順や主人公が小姓として仕える山南敬助など、主人公の男装に気づく人物が複数いるところも、『花ざかりの君たちへ』と共通します。男装の身で寝食を共にする男性コミュニティのなかに入ろうとすれば、ある程度の支援者が必要となるからでしょう。

『風光る』は、新選組を中心とする幕末の歴史的出来事を写し取りながら進んでいきます。当然、新選組にとっては過酷な未来が待ち受けているわけで、沖田と主人公の恋もふたりのもどかしさはそれとして、時代状況、そして沖田の病によって苦境に立たされます。史実と同様に、沖田は労咳《ろうがい》（結核）に倒れ、新選組とともに戦い続けることはできません。沖田は江戸に残り、主人公も女姿になって妻として沖田を看病します。わずかに平穏な時を経て、沖田は死去し、それを弔った主人公は、再び男装して沖田の遺髪を届けに今の北海道に渡っていた土方のもとに向かいます。沖田の死を伝えた主人公は新選組への復帰を望みますが、女であることが明らかになった以上、土方はそれを許しません。ともに戦えるのでなければ死なせてほしいという主人公に対して、土方は沖田の遺志として「これからお前に〝希望〟を授ける」（四五巻）と言い、主人公と肉体関係を持ちます。身籠もった主人公は江戸に戻り、松本良順のもとで医の道を学びながら、子どもとともに生きていくという結末を迎えます。

主人公の異性装は、まず父と兄の仇討ちという目的があり、さらに「武士」でありたいという願いによって支えられてきました。その「武士」のあり方は、沖田を守ることへと変換されていきます。新選組という特殊な環境下では、沖田の傍にいるためには、男装を続けなければなりません。沖田が病によって隊を離れて、主人公は女姿で傍にいることができるのです。そして、弔いのあとは沖田を追って自害するというのが、主人公の想像した「武士」としての結末でした。

沖田と土方は、主人公の自害を阻《はば》みます。子どもという「希望」を与え、武士の時代の終わりを主人公が生きることによって伝えてほしいと願うのです。それは沖田と土方の愛のかたちであり、主人公がそれを受け容れ、我が子に「あなたは武士の子よ」と伝えるところで物語は終わります。確かに、未来に繫がる美しい結末でしょう。

しかしながら、この結末に一定数の批判があったことも確かです。読み手が、土方が沖田の代わりに主人公を抱くことに違和を感じ、子どもを得なければ主人公が生きる道に進めなかった弱さに引っかかりを抱いてしまうのは、この作品が二三年もの連載を経て、二〇二〇年に完結したという点が大きいのかもしれません。女性が武士として生きることにこだわった物語の結末に、「武士の子」を抱く母になった主人公を描いたことは、時代の変化から見ればむしろ古くさい女性像にからめ捕られたようにも見えるかもしれません。ましてその子どもは、沖田と土方の愛、あるいは怨念を引き受けたように、どちらの子とも言えない描かれ方をしています。主人公は明らかに幸福そうですが、彼女の生は、死んでいった男たちによって背負わされたものとも言えるのです。「武士の子」という言い方に、沖田、土方の子であるというだけでなく、武士として生きた主人公の子という意味ももちろんあるでしょうが、「とと様ですか?」と聞く子への答えである以上、それは子に伝わる言葉ではありません。男装時代の主人公と、女姿に戻り、母となった主人公との間には断絶があるのです。

『風光る』の主人公は、性を越境する魅力で多くの人を惹きつけます。彼女が男装していることを知らない人々は、その中性的な魅力に惹かれ、秘密を知る人々は、女子の身でありながら武士であろうとする彼女のけなげさに惹かれるのです。主人公自身は、女性的な身体と秘密の間で苦悩しますが、外側から見れば、それは両性を兼ね備えた美質なのです。物語の結末、主人公は生きる意味として子どもを得、女姿に戻っていきます。新選組の隊士たちだけでなく、徳川慶喜など歴史上の人々をも魅了した性を越境する魅力は主人公から失われました。両性を兼ね備えることによって特別な存在になり得るアマテラス的な異性装のあり方は、異性装時代の主人公にのみあって、それを解いたあとには消えてしまう性質なのです。

異性装の魅力とその先へ

古代の文学の異性装から、『花ざかりの君たちへ』と『風光る』を取り上げて、特に男装する女性の姿を追いました。いずれも古代と繋がる回路はあるものの、異性装の解除が物語の終焉となり、異性装する彼らのその後は結末としてしか語られません。この傾向は、手塚治虫『リボンの騎士』（講談社、一九五三－一九五六）やディズニー映画『ムーラン』（一九九八）などにも見られ、男装の解除と愛する男性と結ばれるハッピーエンドは高い親和性があると言えるでしょう。

本稿の冒頭で、〈きょうだい〉関係にある男と女が夫婦という対になる神話の起源に触れました。異性装する彼ら／彼女らが、異性装を解いて、特定の誰かと結びついて安定するというのは、性を越境する者の強いエネルギーを失わせ、わかりやすいものとして語り納めたいという願望の表れかもしれません。唯一の神として君臨するアマテラスも、多くの女性を魅了するヤマトタケルも、いつまでも彼らが主人公として影響を与え続けるわけにはいかないのです。

異性装の物語が多く恋物語であるのも、異性装の彼ら／彼女らの魅力を描きながらも、越境し続けるのではなく、どこかでその冒険をやめて社会を乱さない存在になってほしいからなのでしょう。それがハッピーエンドというかたちで実現しない物語である『風光る』は、母になるというかたちで不在のパートナーを幻視し続ける結末を得ます。本稿では触れるに留めますが、『ベルサイユのばら』では、アンドレと結ばれるものの異性装を解かないオスカルは、壮絶な最期を遂げるのです。

異性装の登場人物たちは、装っているその瞬間こそが魅力的で、その先にはむしろ特別だけれど平凡な幸福が待っている、と位置づけてよいでしょう。一方で、『とりかへばや物語』の

図3　池田理代子『ベルサイユのばら』(集英社)
アンドレと結ばれた後も男装のまま指揮をとるオスカル。
©池田理代子プロダクション

女君を思い返すとき、現代の漫画における傾向は物足りないように見えます。『とりかへばや物語』は異性装の解除を物語の終わりにはしていません。女姿に戻った女君が男装時代の経験を生かし、女東宮の出産に対処し、帝と結ばれ、女性としての栄華を極めるところにも筆が尽くされています。男装を解除せざるを得なくなった原因であり、生まれて間もない時期に置き去りにした我が子との再会も描かれます。異性装が可能である存在が本質的に魅力的であるとすれば、異性装を解かない、あるいは解いたあとに続く物語もまた魅力的なものとしてあってよいでしょう。

男装の物語が解除を終焉とすることが多いのに対して、女装の物語は解除したのちも物語を続けるものがしばしば見られます。続編というかたちではあるものの、絵夢羅『Wジュリエット II』（白泉社、二〇〇四－）は女装していた少年の結婚後の物語です。また、山崎将『歯医者さん、あタってます！』（集英社、二〇二〇－）では、女装する初老の男性がごく普通に登場します。これは成長過程のなかのものとしての女装とは一線を画す描き方です。

『とりかへばや物語』の女君の男装は、さまざまな要因があるとはいえ、伴侶を見つけるために男性コミュニティに入っていくようなものではありませんでした。彼女は、そこで男性として確かにときめきます。妻も得、苦悩しながらも身を処していくのです。女の姿に戻ることは彼女にとって挫折でしたが、それを挫折のまま終えるのではなく、経験を生かした栄達として描いたところに『とりかへばや物語』の大団円の重みがあります。

異性装は、神話において極めて特別な人物が行っています。また、多くの王朝物語でもそれは奇妙なものとして語られてきました。しかし、現代に至って、衣服における男女の境界は曖昧になり、誰もがすぐに自分以外の性を装うことが可能なところに来ています。外見的な装いだけでなく、たとえば一人称を「ぼくっ娘」など言語によって異性を装う方法も珍しくありません。AKB48や坂道シリーズなどのグループアイドルが一人称を「僕」とする歌を多くリリースしているのも、現代のカジュアルな異性装を示しているようにみえます。もっとも、可愛らしい衣装に包まれたアイドルたちが「僕」の歌を力一杯歌い上げる姿は、商業的に作りあげられたアンバランスさを示唆していて、

図4　山崎将『歯医者さん、あタってます!』(集英社)　歯科医・白雪灯の父がナース服を着て登場する場面も。灯自身も女装男子であり、父の姿は灯の女装が未来にも引き続くことを示唆している。

性を自由に越境する時代に至ったというより、性が今なお我々を束縛する硬直したものとしてあることを社会に突きつけています。未熟な彼らをアイドルとして応援し、いずれ「卒業」していく姿を見守るという仕組みも、可能性としての越境を演出する手法といえるでしょう。「卒業」した彼らがアイドルであった時間をどう捉えて生きていくのか着目したいところです。

異性装がことさらに遠いものでなくなった今、ハッピーエンドの先にも、彼ら／彼女らの人生は続いていくという思考はごく当たり前にされることでしょう。これからさまざまなかたちで紡がれていくであろう異性装の先の物語に期待しながら、本稿を閉じたいと思います。

第二章　装いと身体

――変奏する『とりかへばや物語』

東　望歩

『とりかへばや物語』は二つある？

日本の古典文学における異性装の代表的な物語として、『とりかへばや物語』の存在をご存じの方は多いでしょう。

『とりかへばや物語』は、異母きょうだいである活動的な女君と内向的な男君が、その生活・行動から、互いの性別を違えて世間に認識されるようになり、そのまま性別を偽った生活をすることになってしまう物語です。さまざまな出来事を経て二人は異性装を解き、互いの立場を「とりかへ」て生きていくことになります。

しかし、現存する『とりかへばや物語』が、もともとあった『とりかえへばや物語』を改作したものである、と知っている方は、それほど多くないのではないでしょうか。

原『とりかへばや物語』は散逸《さんいつ》してしまっており、現在読むことができるのは改作された新バージョンのみです（作者、成立時期については、どちらもはっきりしたことは分かっていませんが、原作版は早くとも十一世紀半ば以降、改作版は遅くとも十二世紀中の成立だろうと考えられています。十三世紀に成立した物語歌集『風葉和歌集《ふうよう》』は両作品からそれぞれ採歌しており、当時は新旧合わせてどちらも楽しまれていたらしいことがうかがえます）。

中世の文学評論書『無名草子《むみょうぞうし》』が原作版（通称「古本」）と改作版（同じく「今本」）を比較しており、現存の『とりかへばや物語』が改作版であること、そして、改作版と原作版にどんな違いがあるのかを一部知ることができます。『無名草子』によると、どうやら、我々が知る『とりかへばや物語』の重要なターニングポイントである「きょうだい二人の入れ替わりによる異性装の解除」が、散逸してしまった原『とりかへばや物語』にはなかったようなのです。

中納言《ちゅうなごん》の女になりかへり、子生むほどのありさまも、尚侍《ないしのかみ》の男になるほども、これはいとよくこそあれ。もとのは、もとの人々皆失せて、いづこなりしともなくて、新しう出で来たるほど、いとまことしからず。これは、かたみにもとの人になり代はりて出で来たるなど、かかること思ひ寄る末ならば、かくこそすべかりけれとこそ見ゆれ。

現存の今本では、妊娠した女中納言が異性装の露見を恐れ、宇治に身を隠して出産、失踪した女中納言を探すために男尚侍も異性装を解き、再会した二人が互いの立場を入れ替えて京に戻る（中納言、尚侍は、主人公である異母きょうだいが、異性装をしていた時にそれぞれ就いていた役職名です。以後、本章では、きょうだい二人をそれぞれ女中納言、男尚侍と呼びます）のですが、散逸した古本では、こうした展開がなく、主人公たちが姿を消してから、異性装を解除した状態でどこからともなく、新しく登場してくるようです。『無名草子』は、このことを「いとまことしからず」（まったく本当らしさがない）と批判しています。

このほかにも、散逸した古本には、女中納言の死と蘇り、全てを見通す鏡など、現存する今本にはない展開や設定があったようです。「思はずに、あはれなることども」（思いがけなく、しみじみと感動するところ）がある、「歌こそよけれ」（作中に出てくる和歌がなんとも良い）といったあたりを評価しつつも、おおよそ大げさだったり、真実味がなかったりするところを古本の欠点としています。

こうした『無名草子』の評価を踏まえると、異性装とその解除、という枠組みは同じでも、異性装という趣向の意外さや新奇性、物語を展開させる超常的な設定などで読ませた古本に対し、異性装の物語をリアルなものに落とし込んでいくことを目指し、新たに生まれ変わらせたのが今本と言えそうです。

古本と今本では、キャラクターの造型や描き方にも大きな違いがあったようです。『無名草子』では、例えば、女中納言について、古本では「ありさまいと憎き」（「憎し」という語は、気に入らない、不快だ、などの感情を表す語です）、今本では「何事もいとよくこそあれ」と真逆の評価をしています。

古本の女中納言について、『無名草子』は「女中納言こそ、いといみじげにて、もとどりゆるがして子生みたるなどよ。また、月ごとの病、いと汚し」としています。「もとどり」とは、肩くらいまでの髪を頭の上でまとめて束ねる男性貴族の髪型です。男装姿であることを象徴的に表現する語でしょう。男装姿のままでの出産場面をあえて描いたり、月経（「月ごとの病」）について「いと汚し」と形容されるような描写があったりと、古本では「男装する女君」である女中納言に対して、男装姿に隠された女性としての身体性を生々しく（そして、あまり肯定的ではないような形で）強調するような表現がとられていたようです。

今本の女中納言は、出産前に異性装を解いていますし、そもそも出産場面そのものは描かれません。また、月経についての言及はありますが、女性との結婚生活の中で女中納言が女性であることをどうごまかしていたのか、という文脈で現れるもので、「月ごとに四五日ぞ、あやしくところせき病の人に見えでつくろふべきにはあらぬを、『物《もの》の気《け》におこる折々のはべれば』とて、御乳母《めのと》の里にはひ隠れたまふ」（毎月四、五日間は、不都合で煩わしい月の障りを人に見られずに手当することができそうにはないので、「物の気による体調不良がたびたびありますので」といって、御自身の乳母の実家に身を隠していらっしゃる）という表現に留まります。月経という生理的現象や身体そのものに焦点を当てた記述というよりは、男装によって生じる不都合を取り上げて、それにどう対応していたのかを説明することを目指すものです。異性装の解除にあたって互いの立場を入れ替える、という展開を新たに考え出したことと同様、異性装という題材と「まことし」の両立を模索する今本のあり方が現れた部分でしょう。

男装する女君たち

今本の女中納言は、当時の女性としての規範や性役割から逸脱するような活動的な幼少期を送り、男性として元服（成人）することになったのですが、実は、異性装によって性別を偽ろうとしたわけではなく、男として生きることを選んだわけでもありませんでした。女中納言にとって、異性装はあくまでも装いに過ぎず、「かかる類《たぐい》もあるにこそは」（同じような生き方をしている女君もほかにいるだろう）と考えていたのです。

平安時代、行幸などに供奉《ぐぶ》する東堅子《あずまわらわ》という男装の女官がいました。『延喜式《えんぎしき》』（平安中期の法令集）や『西宮記《さいきゅうき》』（平安中期の有職故実《ゆうそくこじつ》書）にもその存在が記され、『枕草子』では「ひめまうち君」（姫大夫）と呼ばれる彼女たちは、男性名を名乗り、供奉の際には男性装束を身に纏いますが、男性として生きているわけではありません。成人前の女中納言にとって、自らの異性装はこれと大差ないものとしてイメージされていたのかもしれません。

しかし、「わが心のままにもてなし振る舞ひ過ぐしつる」（自分の思いのままに振る舞って生きてきた）彼女は、成人し、社会生活を始めて、「わが身」の異端性に気づきます。同時に、すでに男性としての生をスタートしてしまった自分が、今からそれを選択し直すことは困難である、という現実に直面し、「人に違《たが》ひける身」であることを思い悩みながら生活するようになります。「わが心のまま」の振る舞いによって作られた「わが身」だったはずでした。しかし、身と心の狭間に差し込まれた異性装という装いは、「世」にある性という枠組みの中に女中納言を捕らえてしまいました。女中納言の異性装は、自らの（そして、読者である女性たちの）生と性を自覚的に辿っていくものとして機能していくことになります。

さまざまな女性たちから秋波を送られても、適度な距離を取りながら処世していた女中納言は、吉野の姉宮（吉野宮《よしののみや》と唐土の大臣の娘との間に生まれた女性で、唐土で生まれ育ちましたが、母の死後、父宮とともに日本で暮らすようになりました）との語らいにおいてのみ、自ら御簾《みす》の内に入り込み、その距離を縮めようとしています。それは、彼女の出自に「人に似ぬところや」（世間一般の人とは違うところがあるのではないか）という「ゆかしさ」を感じたからだといいます。自分とは異なる形であっても、同じ苦悩を分かち合うことができるのではないか、という期待が、そこにはありました。女中納言にとっての悩みは、男性として生きることそのものよりは「人に違ひける身」で「世」を生きることだったといえるでしょう。

『とりかへばや物語』以降、さまざまな異性装の物語が生まれました。鎌倉初期に成立した王朝物語『在明の別《ありあけのわかれ》』（長く散逸したと思われていましたが、一九五二年に再発見されました）や室町後期の物語絵巻『新蔵人物語《しんくろうどものがたり》』があります。『在明の別』の女大将は、家の後継問題から男性として育てられましたが、帝に男装が露見したことで男性としての人生を終えます。男装を解いて女性として生きることに「今さらのあぢきなさにかへりたまはんは、さらに思しかけず」（今さら思うようにならない女性の身に立ち返ることは、まったく考えられない）と抵抗を覚えていた女大将は、男性としての生を惜しみ続けます。『新蔵人物語』の三君《さんのきみ》（新蔵人）

図1　住吉如慶筆『伊勢物語絵巻』二十三段「筒井筒」（東京国立博物館蔵）
少年少女の髪や装束など、ほとんど性差がない姿で描かれている。『伊勢物語』筒井筒章段では、性差のない身体（体格・髪）からの変化が、成人後に二人が交わす相聞歌での重要なキーとなる。
Image:TNM Image Archives

は、長男一人、姉妹三人の四人きょうだいの末っ子で、往生のために出家する大君《おおいぎみ》、現世の栄華を目指して宮仕えに出る中君《なかのきみ》に対し、「あこはただ、男になりてぞ走り歩《あり》きたき」（わたしはただ、男になって走り回りたい）との望みを持って男装での出仕を始めました（『新蔵人物語』における男装のあり方については、第三章に論じられています）。

　これらの作品の男装する女君たちは、先行する『とりかへばや物語』の女中納言が抱えた戸惑いや葛藤とは異なる思考を生きています。『在明の別』の女大将や『新蔵人物語』の三君は、本人が選んだものであっても、またそうでなくても、身体とは異なる「性を装う」ことに自覚的でした。しかし、女中納言は「性を装う」こと自体に無自覚なまま、男装する女君になったのです。『新蔵人物語』の三君のように「男」になりたかったわけではなく、『在明の別』の女大将のように「男」でいる必要があったわけでもない女中納言が、性別を偽って「男」として生きることになったのは、当時のジェンダー化された行動規範から逸脱していたことが要因でした。女中納言と男尚侍は、登場時より（異母きょうだいにもかかわらず）「同じもの」と強調されるほど似通った容貌でした。また、父大納言を「とりかへばや」（二人を取り替えたいものだなあ）と嘆かせていた幼少期において、二人の服装について作中での言及はありません。女中納言が男の子だと誤解されたのは、容貌によるものでも、服装によるものでもないのです。

やんちゃないたずらものの女中納言は、めったに部屋に落ち着いておらず、屋外で男の子たちと蹴鞠《けまり》や小弓で遊んでいます。作文《さくもん》や管弦《かんげん》の宴があれば、父大納言の隙をついて走り出して行き、一緒に朗詠したり、歌ったり、楽器を演奏したりして、来客たちから褒められ、かわいがられています。屋外に出て蹴鞠や小弓に興じること、子供同士でも、大人相手でも、男性たちの「遊び」に参加することに加え、男性の領域のものとされていた漢詩文や管楽器にも才覚を示しています。それに対して、ひどい人見知り（「あさましうもの恥ぢをのみしたまひて」）の男尚侍は、学問に興味を示さず、ベッドルームに籠もって（「御帳《みちょう》のうちにのみ埋《うず》もれ入《い》りつつ」）、絵を描いたり、人形遊び（「雛《ひいな》遊び」）をしたり、ゲーム（「貝覆《かいおお》ひ」）をしたりするばかりで、さらに、こうした生活態度やふるまいを父大納言に叱責されると涙します。個人の資質や嗜好や能力を、性差という枠組みに基づいて把握する社会的な行動規範によって、二人はその性を誤解されていくのです。

「走る」少女たち——「男装」以前

平安後期の短編物語集『堤中納言物語』の一篇「虫めづる姫君」は、さまざまな異端性（あるいは個性）の表象を持つ「男装する女君」の前身ともいえる存在です。「花、蝶やとめづる」嗜好に対置される「虫めづる」嗜好を持つ姫君は、「姫君らしくない姫君」です。「髪」を整えず、「眉」を抜かず、「歯黒《はぐろ》」を拒否し、男物の「白き袴」を好んで身にまとい、漢詩や今様《いまよう》を朗詠し、端近《はしぢか》に座して、時に「走る」姿が語られます。

作品のタイトルにもなっている「虫めづる」嗜好は、アニメーション映画にもなった宮崎駿『風の谷のナウシカ』（全七巻、徳間書店、一九八三～一九九五年）に登場するヒロイン・ナウシカの造型に影響を与えたことが知られています。

平安時代を舞台とした近年の漫画作品では、かかし朝浩『暴れん坊少納言』（全七巻、ワニブックス、二〇〇七年～二〇一〇年）の主人公・清少納言やD・キッサン『千歳《ちとせ》ヲチコチ』（全八巻、一迅社、二〇一一年～二〇一六年）の主人公・チコ姫による「虫めづる」さまが、彼女たちの規範

図2　疾走するチコ姫（D・キッサン『千歳ヲチコチ2』第十五帖「渡り廊下走り隊」〈一迅社〉）　チコ姫が、二つの堂とそれをつなぐ回廊を走り抜けるシーン。裳唐衣を脱ぎ、広袖を結び、長い髪を首元でまとめ、袴を膝下までくくり上げた姿で駆け抜ける。

的でないあり方や「個性」を表すものとして用いられており、「姫君らしくない姫君」のイメージを支えています（『千歳ヲチコチ』では、主人公の母をはじめとした前世代の「虫めづる」姫君たちのシスターフッドが、終盤の展開を支える重要なモチーフとなっています）。

チコ姫は、「小さい頃からちょっと変わってる」少女です。「風変わりなところ」を直すよう女房の長山《ながやま》から注意されてはいるものの、乳母の仙河《せんがわ》はチコ姫の「個性」を尊重し、『白氏文集』巻三・新楽府《しんがふ》「太行《たいこう》の路」の一節を「人生莫作夫人身《（女に生まれるもんじゃない）》　百年苦楽由他人《（一生の苦楽さえ他人に決められて）》」と引きながら「そんなふーには姫様に思ってもらいたくないんでね」と語ります。黒髪を是とする平安の美意識にそぐわない赤茶けた髪が「秋の色だ」と賞美される最終巻のラストシーンは、規範的な女性らしさや美しさにとらわれない姫君を描く物語であったことを象徴する結びでしょう。

第一巻から第二巻にかけて描かれるのは、新嘗祭《にいなめさい》の手伝いのため宮中に上がったチコ姫が、舞扇を忘れた舞姫のために走る、というエピソードです。廊を駆け抜けるチコ姫の姿は、見開きで疾走感をもって描き出されています。また、チコ姫は「自分が立ったり走ったりできると分かった」ことに弾む心を和歌に詠みます。「走る」ことを通して表現されているのは、彼女の躍動する身体と心です。

舞姫の控室まで走ることを申し出たチコ姫に対し、典侍《ないしのすけ》は「男みたいに走れるって言うのか」と驚いています。『新蔵人物語』の三君が「男になりてぞ走り歩きたき」と望んだように、王朝物語や平安時代を舞台とする作品世界において、「走る」という行為は、基本的に女性のものではありません。『とりかへばや物語』で幼い女中納言が「走り出でたまひて」登場することは、そのこと自体によっても、規範的な女性らしさからの逸脱を示唆しているのです。「走り来たる女子《おんなご》」として光源氏の前に姿を見せた『源氏物語』の若紫もまた、花を愛でて微笑むしとやかな姫君ではなく、雀の子を捕まえて飼おうと企み、それを逃がした女童と喧嘩して泣き怒る元気いっぱいの少女でした。かつての若紫は、異端の「虫めづる姫君」、男装する女中納言と同じ線上にいたのです。

平安朝の物語『竹取物語』を原作とした『かぐや姫の物語』（スタジオジブリ制作、二〇一三年）でも、かぐや姫が走る姿が印象的に描かれます。名付けの宴の最中に邸を飛び出し、着物を脱ぎ捨てながら都路をひた走る場面は、押しつけられる女性性からの遁走《とんそう》を示す象徴的なシーン

図3　『源氏物語絵巻』若紫（天理図書館蔵）
屋外（簀子）に出ている幼い少女二人（若紫と犬君）の装束はほぼ同じ。飾り気がなく地味な色合いで、また身軽な様子である。現存する中では、国宝源氏物語絵巻に次いで二番目に古い源氏絵の断簡である（現存最古の国宝源氏物語絵巻には、若紫垣間見の場面はなし）。

といえるでしょう（テレビアニメ『アルプスの少女ハイジ』〈全五十二話、フジテレビ系列、一九七四年〉第一話でアルプスに着いたハイジが着膨れていた服を脱ぎながら走り出す場面のオマージュでもあります）。

　王朝の貴族女性たちが基本的に走らないことは、その装いによって制約されている部分もあります。背丈ほどの髪を垂らし、何枚も重ねた装束の重さを身に負い、広袖《ひろそで》や裾をさばきながら長袴《ながばかま》を引きずって走る困難さは想像に難くありません。だからこそ現代の翻案作品である『かぐや姫の物語』では、着物を脱ぎ捨てることと走ることが一体となって描かれています。前節で取り上げた『千歳ヲチコチ』でも、裳《も》唐衣《からぎぬ》を脱ぎ、袖、袴、髪などをくくったり結んだりしてから走り出します。

王朝物語の「走る」少女たちが、現代作品のように装束を脱ぎ捨てて走り出すようなことはありません。しかし、「虫めづる姫君」の姫君は、「練色《ねりいろ》の、綾《あや》の袿《うちぎ》ひとかさね、はたおりめの小袿《こうちぎ》ひとかさね、白き袴」という格好を好んでいたとあります。年若い女性にふさわしからぬ色柄に加え、その身軽さも目を引きます。このことが、荒っぽい足取りで端近に出てきたり（「あららかに踏みて出《い》づ」）、御簾内に走り去ったり、という行動を担保しているのでしょう。『源氏物語』若紫の「白き衣《きぬ》、山吹などの萎えたる」は、都から離れた山中で過ごす少女らしい軽やかな着装なのでしょう。華やかに装うことも、まだ眉を整えることもなく（「眉のわたりうちけぶり」）、髪を整えるのを嫌がる（「梳《けず》ることをうるさがりたまへど」）若紫のあり方は、人間は総じて、表面をとりつくろうことがあるのは好ましくない（「人はすべて、つくろふところあるはわろし」）と語る「虫めづる姫君」の装うことへの抵抗につながっています。

「性を装う」ことの射程――『とりかへばや物語』の翻案と髪

今本における女中納言の異性装解除は、男性の装束から女性の装束への変更だけでは完了しませんでした。髪を伸ばし、眉を整える（「御髪《みぐし》も引き伸ぶるやうにうつくしげに凝《こ》りかかりて、眉などもかりはらはせて」）ことで「女」という「性を装う」に至るのです。

古本から今本への改作において、きょうだい二人の「とりかへ」という展開を導入するにあたり、髪の扱いは異性装の解除において重要なポイントとなりました。背丈を超えるような垂《すい》髪《はつ》が貴族女性にとっての美しさであった時代において、髪は性差の指標として機能しうるものです。また、髪は身体の一部ではありますが、装いに連動して形や長さを変化させることのできる操作可能な身体です。このことから、異性装の物語において、髪は身体と装いの関係をずらしたり、結び直したりするような役割を果たします。

とはいえ、髪を切る、剃るといった行為は任意に行うことができますが、髪を伸ばすことは自在というわけにはいきません。男装していた女君がふさわしい長さの髪を得るには、本来長い時間が必要です。今本では、「夜に三寸髪かならず生《お》ふ」（一晩に九センチずつ、髪が必ず伸びる）秘薬によって、必要な髪の長さを早急に得ています。設定や題材を現実感のあるものとして作品世界になじませることを目指した傾向が見られる今本において、この秘薬の存在はやや異質で、だからこそ髪の問題をどうクリアするのかに苦慮したことがうかがえます。

『とりかへばや物語』はさまざまな形で現代にも享受されていますが、その中でもとくに主要な作品として、氷室冴子『ざ・ちぇんじ！』（前・後編、集英社コバルト文庫、一九八三年）とさいとうちほ『とりかえ・ばや』（全十三巻、小学館フラワーコミックスα、二〇一二〜二〇一八年）という二つの翻案作品を取り上げたいと思います。この二作品が髪の問題にどう対応したのか、という視点から、それぞれの作品の特徴や傾向を見てみましょう。

「新釈とりかえばや物語」と銘打たれた『ざ・ちぇんじ!』は、今本『とりかへばや物語』を翻案した八〇年代の少女小説です。王朝文学の世界に現代的な感覚のキャラクターとストーリーテリングを持ち込んだ新しい作風が支持されて「文庫・単行本で一三四万部を記録」(二〇一二年新装版の作品紹介より)、『ざ・ちぇんじ!』の習作として書かれた短編からスタートした『なんて素敵にジャパネスク』シリーズ(全十巻、集英社コバルト文庫、一九八四年〜一九九一年)も広く人気を博しました。

綺羅《きら》姫(男装の女君)は「男として育っていることに何の疑問も不安もなく、むしろ自由を楽しんでいる」少女期を送り、本人の熱望によって元服に至ります。しかし、結婚を機に心労を重ね、弟君(女装の男君)に「さすがのあたしも、最近は、馬鹿な真似《まね》してるなって、ふっと後悔の念にかられることがあるわ」「男のなりした自分が、正気の沙汰《さた》じゃないような気がした」と弱音を吐くようになりました。

この時、「あたしとおまえが入れ替われないもんかと、ぼんやり考えることもあるわ」と入れ替わりを示唆する発言がなされますが、入れ替わりに強く賛意を示す弟君に対し、綺羅姫は「おまえはともかく、あたしはどうしようもないわよ。この髪だもの」と制しています。

「弟君が男に戻るには、髪を切ればいいが、綺羅はどうしようもないのである」という地文は、翻案元である今本『とりかへばや物語』が秘薬という超常的なアイテムによって解決した問題に、改めて取り組もうとする意思を示しています。

ここで異性装解除の可能性に喜色を示している弟君は、生まれた時から身体が弱く、「姫として育てれば、つつがなく成人し、幸福になる」と信じる迷信深い母と女房たちに女装を強いられて成長しました。幼い頃、自分が男性であるとは知らずにいた弟君は、「走る」ことに憧れ、女性の行動規範や装いに不自由を感じています。

〈あーあ、姫もあんなふうに走ってみたいなあ。思いっきり、声を出してしゃべってもみたい。御簾の外にも出られず、一日中座ってるなんて。姫って疲れるもんねえ。髪だって重たくって、洗ってもらった日は一日じゅう、頭が重くって重くって、首がもげそうだもん。男の子なら、髪を切りそろえて、すかすかして、楽だろうなあ〉

「女装する男君」である弟君ですが、『ざ・ちぇんじ!』においては「男装する女君」たちの系譜に裏面で連なる存在として描かれていると見ることができそうです（女装する男君と男装する女君の非対称性については、第一章に論じられています）。

物語後半で、失踪した綺羅姫を捜索するため異性装を解いた弟君が切った髪は、綺羅姫と弟君の入れ替わりにあたって髢《かもじ》（付け髪）として使用されます。ただし、見た目をとりつくろう装いとしての髷によって、二人の入れ替わりがそのまま可能になるわけではありません。この髷が物語において重要なのは、身体の一部であった髪が本来の身体から切り離されることで、異なる身体の一部であったものと偽装可能となるところです。

『ざ・ちぇんじ！』という翻案作品が編み出したのは、装う性にふさわしい長さに髪を無理に伸ばすのではなく、操作可能な身体としての髪の性質を利用しつつ、髪の問題を異性装の文脈から外す、という方法でした。

弟君が捜し当てた綺羅姫は、失踪先の宇治で異性装を解き、庶民女性として生きようとしていました。背丈を超えるような垂髪は、あくまでも貴族女性に求められる美しさです。

再会した弟君と入れ替わって貴族社会に復帰するためには、改めて髪の問題を解決する必要がありました。男性／女性、貴族／庶民のどちらとも異なる形で短い髪を意味づけるために持ち出されたのが、尼削《あまそ》ぎという出家女性の髪型です。かつて北嵯峨で出会った公達《きんだち》（実は帝）への思いから入内を拒むために髪を切ってしまった、という偽りの出家未遂騒動を起こし、弟君が異性装解除のために切った髪は、綺羅姫が出家のために切った髪とされたのです。

この出家騒ぎは、帝のもとに入内する、という王朝物語としての「ハッピーエンド」を、八〇年代の少女小説における「ハッピーエンド」として再解釈するためのものでもありました。異性装を解いた状態で互いの正体を知らないまま出会って好感を持ち、異性装をしている間も互いに意識し続け、異性装を解いた後に愛し愛される関係として帝のもとに入内する、という筋書きが、髪によって演出されているのです。

異性装と「ハッピーエンド」

『ざ・ちぇんじ！』からおよそ三〇年後、新たな翻案作品として登場した少女漫画『とりかえ・ばや』は、累計三〇〇万部を超える人気作となりました。さいとうちほは、代表作の一つに、男装の少女を主人公とした『花冠のマドンナ』（全七巻、小学館フラワーコミックス、一九九三〜一九九四年）があり、キャラクター原案を担当したテレビアニメ『少女革命ウテナ』（全三十九話、テレビ東京系列、一九九七年）も、異性装と関わる作品として広く知られたものでしょう。『竹取物語』を原案とする最新作『輝夜伝』（既刊十一巻、小学館フラワーコミックスα、二〇一八年〜）でも、男装の少女を主人公に据えています。

『とりかえ・ばや』においても、沙羅双樹《さらそうじゅ》（男装の女君）の短い髪は、睡蓮《すいれん》（女装の男君）が切った髪を髢とすることでカバーされます。ただし、異性装の解除にあたって髪を最大の問題としていた『ざ・ちぇんじ！』に対し、『とりかえ・ばや』では、髪を異性装とその解除におけるキーとしては扱っていません。異性装を解いた二人は、当初出家することを考えていましたが、その理由として睡蓮は「…私は　単純に　沙羅と入れ替われば　よいのではと　思ったこともありました男／でも――自分が男のなりをしてみて甘い考えを捨てました…

尚侍馬さえ満足に乗れないのに男として世間に出るなど…」と語っています。また、男尚侍が思いを寄せる女東宮の出生の秘密を知り、彼女を支えるために「完全に立場をとりかえ宮中にかえろう」と決意した二人は、都に戻るまでの時間を新たな性役割にふさわしいしぐさや才芸などの修得に費やしています。異性装の契機となった二人の資質や能力が、異性装の解除において改めて課題とされているのです。

ラブコメディ調で前・後編にまとめられた『ざ・ちぇんじ！』では、異性装を解消してすぐに出家騒動を起こし、そのまま物語は終盤に向かいます。これに対し、皇位をめぐる陰謀を中心に新たな肉付けをされた『とりかえ・ばや』は、きょうだいの入れ替わりが物語の半ば（全十三巻中の第七巻）で行われ、睡蓮に成り代わって女東宮のもとに尚侍として出仕した沙羅双樹は、最終巻までの後宮生活を髢で過ごし続けます。髢での生活に支障がなく、また、そこから「とりかえ」が露見することを危惧するような描写がない点からも、髪の問題を異性装解除のポイントとしない意識を見ることができます。

ただし、このように髪の問題を後景化しつつも、最終的には解決していることに注意したいと思います。内裏《だいり》が火災に見舞われた際、犯人を取り押さえようとした沙羅双樹は、髢を引っぱって取られてしまいます。これは、沙羅双樹が再び一時的な男装をすることになる布石であり、その結果、二人の入れ替わりが帝に露見します。贖罪《しょくざい》のために出家するという二人に、帝は「そなたたちが　男《おとこ》の形《なり》をしようと／女《おんな》の形《なり》を　しようと／中《なか》は　沙羅双樹と　睡蓮であり――／それこそが　尊《とうと》い」と答えます。

『とりかえ・ばや』において、髪の問題は異性装の解除において、原作や先行する翻案作品ほどの重要な意味を持たされていません。その代わり、恋の相手である帝に対する嘘や偽りを取り払い、その上で、男装女装どちらの「形」でもかかわりなく個としての価値と存在が承認される、という「ハッピーエンド」に向かうキーとして再設定されているのです。

沙羅双樹と初めて結ばれる夜に「初めは…／尼か　男《お》の子《こ》か…　童《わらわ》のようにしか　見えなかったが…／慣れると　この長さも　良い…」と帝が告げ、また、入内後、新たな髢を用意した（沙羅双樹の貴族女性らしからぬ髪の短さは、火付けの犯人ともみ合った際の事故による、という形で世間に認知されており、作中では「尼《あま》そぎの女御《にょうご》」とも呼ばれています）という女房に「いらぬ　主上《おかみ》が　そのままで　良いと…」と沙羅双樹が答えるのは、この作品における「ハッピーエンド」に髪が欠かせないものであることを示しています。

異性装の物語から身体交換の物語へ

『とりかへばや物語』は、現代語訳や翻案とは異なる形での享受も目立つ作品です。身体交換による「男女の入れ替わり」は、現代における人気のモチーフの一つですが、異性装の物語である『とりかへばや物語』は「男女の入れ替わり」の先行作品としてしばしば参照されています。アニメーション映画『君の名は。』（コミックス・ウェーブ・フィルム制作、二〇一六年）は、監督の新海誠《しんかいまこと》によって、企画段階の仮題は『夢と知りせば（仮）——男女とりかえばや物語』であったことが公表されています。山中恒《やまなかひさし》『おれがあいつであいつがおれで』（『小6時代』旺文社、一九七九年四月～一九八〇年四月）を『転校生』（一九八二年／リメイク版『転校生―さよなら　あなた』二〇〇七年）として映画化した大林宣彦《おおばやしのぶひこ》もまた、身体交換による「男女の入れ替わり」作品群を『とりかへばや物語』のヴァリエーションと位置づけています（『A MOVIE　大林宣彦、全自作を語る』立東舎、二〇二〇年）。

> 「あべこべ玉」（のち「あべこべ物語」に改題）という、お兄ちゃんと妹が入れ替わる話があった。それを子どもの頃読んで、のちに「とりかえばや物語」を知った。日本には伝統的にそういう話があるわけです。

ここで『おれがあいつであいつがおれで』に先行する「男女の入れ替わり」作品として挙げられているのは、陸奥速男《むつはやお》（サトウハチローの別名義）による児童小説『あべこべ玉』（『少女倶楽部《くらぶ》』大日本雄辯會《ゆうべんかい》講談社、一九二九年七月～一九三〇年六月）です。

『あべこべ玉』では、「人生まれて兄貴となるなかれだ、男となるなかれだ。僕は千枝子《ちえこ》になりたいよ」(「太行路」の一節をもじった台詞です)、「妹なんか廃業して兄さんになりたいわ」と言い合う中学生の運平《うんぺい》と小学生の千枝子の兄妹が、「出鱈目《でたらめ》の叔父さんが持つて来た」願いを叶える赤い玉「ポンポコ玉」によって入れ替わってしまいます。

ただし、『あべこべ玉』における入れ替わりの場面を確認すると、『転校生』や『君の名は。』のように互いの身体そのものを交換しているのではなく、それぞれの身体が相手の姿に変化していることが分かります。

妙に体がむずむずして来た。運平は、頭がちぢまるやうな気がした。千枝子は、体がのびるやうな気がした。(中略)千枝子は、運平の方に向き直つて、かう言ひかけて、びつくりしてしまつた。運平の頭にいつのまにか長い髪の毛がはえてゐるのだ。しかもおさげにしておさげ留《どめ》が光つてゐる。(中略)千枝子は、こつちを向いた運平を見て又びつくりしてしまつた。こつちを向いた運平は千枝子になつてゐるのだ。着てゐる寝巻《ねまき》は、もとのまゝだが顔はすつかり千枝子である。

『とりかへばや物語』やその翻案作品において、酷似した容貌のきょうだいが異性装とその解除によって置換される、というのが入れ替わりの論理でした。身体交換の物語が異性装の物語の延長線上に把握される時、装いと身体の境目は大きく変更されています。「おさげ」とともに「おさげ留」が新たな身体に付されるが「着てゐる寝巻」はそのままである、という描写は、この作品における身体と装いの線引きの曖昧さが表れているところでしょう。

『あべこべ玉』は、佐々木邦《ささきくに》が邦訳したイギリスの父子入れ替わり小説『あべこべ物語』(家庭読物刊行会、一九二〇年/原題 "Vice Versa, or A Lesson for Fathers" 1882)の影響が指摘される作品ですが、『あべこべ物語』が入れ替わりの契機となった魔法のガルダ石に願って入れ替わりの解除を行うのに対し、『あべこべ玉』では、入れ替わった兄妹は互いに苦労を重ね、とくに妹の千枝子は「私はもう死んでしまひたうございます。でも死ぬのなら、もう一度昔の千枝子の姿になつて死にたうございます」と手紙で嘆くまでになりますが、それでも彼ら自身の意思で元の身体に戻ることはできません。最終的には元の身体に戻りますが、二人が「同じ夢をみてゐた」という形で物語を結んでいます。

さて、改めて二人の入れ替わりの場面を見てみると、『あべこべ玉』における異性間での入れ替わりにおいても、性差の指標としての髪を確認することができます。そして、このことは入れ替わり解除に進む終盤の展開にも関わっていきます。

野球のできない千枝子(現在は運平の姿)に代わって対校試合に出場するため、運平(現在は千枝子の姿)が床屋に駆け込んで「おさげ」を「バリカンでジヨキジヨキ」と「虎刈《とらがり》」にすると、「をかしいね。よく似てゐるけれど、少し小さくなつたぜ」と言われつつも試合に出場することが叶います。また、家に帰った二人と顔を合わせた酒屋の三吉《さんきち》は、「どちらが運平さんかな」と首をかしげます。小学生と中学生、という年齢差がある兄妹にも関わらず、酷似した容貌を持ち、身体の大小以外にほぼ差異のない、入れ替え可能な身体を有していることになります。また、性差の指標となる身体の一部として、身体全体とともに変化した髪でしたが、身体交換（変身）を解除できない彼らが行う暫定的な「入れ替わり」を支える役割を果たします。

断髪によって男君が異性装の解除を行った『とりかへばや物語』に対し、『あべこべ玉』では千枝子の身体を有する運平が断髪による異性装をすることで「入れ替わり」ます。しかし、それが運平である以上、異性装のヴァリエーションである身体交換（変身）を一部解除し、元の身体に戻る行為でもある、という両義性を持っています。ほころびた「男女の入れ替わり」の物語は、その後、収束に向かっていくのです。身体と装いが重なり合い、交錯する『あべこべ玉』は、操作可能な身体である髪を媒介にした身体交換と異性装の狭間の物語といえるでしょう。

入れ替わる身体の行方

『あべこべ玉』からの着想と言われる特撮ドラマ『へんしん！ポンポコ玉』（全十五話、TBS系列、一九七三年）もまた狭義の身体交換ではなく、題名に「へんしん！」という語が入っているように「変身」というステップを介在させた「男女の入れ替わり」作品です。一九六〇年代以降の特撮ドラマやマンガ・テレビアニメにおける変身するヒーロー、ヒロインたちは、変更可能な身体のイメージを作り出しました。異性間での身体交換は、異性装のヴァリエーションであると同時に、変身のヴァリエーションでもあります。

この作品では、十分間だけ男女の身体が入れ替わることができる赤と青の玉により、最初は「男になりたい」「女になりたい」という願望を持った主人公二人が入れ替わります。この二人に血縁関係はなく、また、その後の入れ替わりはさまざまな人物間で起こり、主人公たちのように性別変更を望んでいたわけでもないのです。互いの身体に立脚した入れ替わりではなく、アイテムを起点とした「変身」による入れ替わりになったことで、身体同士のつながりや入れ替わりの必然性が必ずしも必要ではなくなっているのでしょう。

『おれがあいつであいつがおれで』および『転校生』でも、「男女の入れ替わり」は血縁関係のない他人同士で起こります。そして、これらの作品では「変身」による入れ替わりではなく、まさしく身体交換とも呼ぶべき入れ替わりが起こります。『あべこべ玉』などとの違いとして注目したいのは、入れ替わりの契機となるアイテムが登場しないことです。

これらの作品群における入れ替わりは、二人の衝突によって引き起こされるアクシデントです。『おれがあいつであいつがおれで』では「身代わり地蔵の森」、『転校生』では神社境内の石段（一九八二年版）、神社境内の坂上にある「さびしらの水場」（二〇〇七年版）が、衝突による入れ替わりの場となります。それぞれ異なる場でありながらも、しかし、すべて超常的な存在と関わりがある境界的な場として設定されていることは、異質なものが触れ合い、交わるはずのないものが交わり、互いにその領域を越境してしまう身体の交換が行われるための仕掛けでしょう。

『君の名は。』では、夢という時空、神社や湖という場、神事という儀式、口醸《か》み酒というアイテムなどが、二人の入れ替わりを支えるものとして物語の中にちりばめられています。このうち、夢は「思ひつつ寝《ぬ》ればや人の見えつらむ夢と知りせば覚めざらましを」という小野小町の和歌を引いた出会いの回路であると同時に、現実とは異なる身体が存在しうる世界のあり方として機能します。

物語における入れ替わりは、異質なものを入れ替え、そこにある差異を描くための手法として、ある種の批評性をもって用いられることが多く、それは男女間での入れ替わりに限りません。マーク・トウェインの『王子と乞食』（平凡社、一九二七年／初邦訳は『乞食王子』一八九九年、原題"The Prince and The Pauper"1881）などは典型的でしょう。ただし、この作品は、「男女の入れ替わり」を通してジェンダーを問うような仕掛けにはなっていません。「もうこんな町いやや！こんな人生いやや！来世は東京のイケメン男子にしてくださーい！」という台詞において、

「男子」であることは「東京」（都会という環境）や「イケメン」（優れた容姿）と並列に扱われる「私」とは異なる人生を形づくるための「属性」の一つです。

こうした「男女の入れ替わり」のあり方については、企画案の段階で「夢の中で入れ替わるため、「男／女の日常を演じなくてはならない」という要素は薄く、それはゲームやバーチャルリアリティ的な気楽さの中で行われる。」（新海誠 Twitter アカウント 2017.7.15.15:25 投稿ツイートに掲載された企画書画像より）と記されています。仮想現実やアバターの概念などを通して近年更新されてきた身体に対する認識や感覚が、交換された身体を「夢」というヴァーチャルな空間における自己の分身のようなものとしてまずは位置づけさせることを可能にしています。

この作品が「男女の入れ替わり」であるのは、「ボーイ・ミーツ・ガールの物語」における「出会い」の一形態としてのものなのでしょう。「私」のバリエーションと考えていた「夢」の中の誰かを他者として認識し、「お前は誰だ?」と問いかける時、「ボーイ・ミーツ・ガールの物語」は始動するのです。

「男女の入れ替わり」の物語は、装いや身体に対する認識やさまざまな価値観を反映していきます。『とりかへばや物語』はその始発の物語として、引き継がれ、変容し、参照されつつ、新たな物語を生み出す力となっていくのでしょう。

第三章　異性装の恋

——異性愛と同性愛が交わる場所

江口啓子

異性愛と同性愛を内包する物語――タイドラマ『The Shipper』を例に

異性装の物語は同時に恋愛物語であることがほとんどです。恋愛をめぐる人間関係の中に異性装の人物が紛れ込むことによって、異性愛と同性愛の混乱が生じます。登場人物が異性愛者であれば、異性だと思って恋愛感情を抱いた相手が実は同性であったり、あるいは恋愛対象ではないはずの同性（中身は異性）に心惹かれたりして、登場人物たちは右往左往するのです。そこに異性装者が登場する恋愛物語の面白さがあります。

二〇二〇年にタイで『The Shipper《ザ・シッパー》』というドラマがＧＭＭ25（タイのテレビチャンネル）で放送されました。このドラマは高校生の男女の魂が入れ替わってしまったことから起こる騒動を描いた、いわゆる「男女入れ替わり」物です。日本にも最近ならドラマ『天国と地獄〜サイコな2人〜』や映画『君の名は。』をはじめ「男女入れ替わり」物の物語は多くありますが、この『The Shipper』がユニークなのは、ＢＬ（ボーイズラブ）の文脈の中で「男女入れ替わり」が発生する点です。

主人公の女子高生パンは憧れの先輩であるウェイとキムを妄想カップルにして楽しんでいる「シッパー」（海外におけるオタク用語で、特定の二人をカップルとして妄想するオタクのこと）です。親友のソーダと一緒に、ウェイとキムのＢＬ小説を書いてネット上で公開していました。ある日、その小説が原因でウェイが学校でトラブルを起こし、退学の危機に。自分の小説が引き起こしたことに対する責任感から、パンはキムに自分が問題となった小説の作者であることを告白します。落ち込むパンをキムはバイクで家まで送ろうとするのですが、そこで交通事故を起こしてしまいます。このとき死の天使の手違いで二人の魂が入れ替わってしまった結果、パンはキムの体で目覚めることになるのです。キムとして目覚めたパンは、元の体に戻る方法が見つかるまで、キムとして生活をすることになります。憧れの先輩であるキムのことなら何でも知っていると思っていたパンでしたが、成績優秀で学校の模範生であったキムの隠された秘密が徐々に明らかになっていきます。そして自分が相手の表面的なことしか知ろうとせず、本当のことは何も理解していなかったことを悟っていくのです。

以下、説明のために物語の内容に触れていきます。ネタバレを避けたい方は最後の形式段落まで読み飛ばしてください（この物語は何も知らない状態でご覧になるほうが楽しめます。パンと一緒に「えぇーっ！」と驚いていただきたいです）。

さて、キムの体の中に入ったパンは、親友のソーダがこれ以上キムとウェイの小説を投稿しないように画策します。しかし、突然急接近してきたキムに対し、ソーダは恋心を抱くようになってしまいます（**図1**）。やがてソーダはパンとキムの入れ替わりの事実を知ることになるのですが、見た目はキムで実際は親友のパンに心惹かれた場合、それは同性愛なのでしょうか、異性愛なのでしょうか。ここでは同性愛と異性愛について明確に境界線を引くことが困難になります。

　一方、キムの弟ケートは、密かにパンに好意を寄せていました。ところが、パンの面影のあるキムにときめきを覚えてしまい、自分は実の兄に恋をしてしまったのかと困惑します。やがてケートもキムとパンの入れ替わりの事実を知り、自分の感情の動きに納得するのでした。物語の最後、パンが元の体に戻るためには愛のあるキスが必要であることがわかり、パンはキムの体でケートとキスを交わすことになります。ケートが愛するのはパンであるため内実としては異性愛ですが、視覚的には同性同士のキスシーンです。もし、ここで異性愛らしさを視覚的に強調したければ、元の体に戻っているパンとのキスシーンを重ねて描くことも可能でした。実際、これまでのパンとケートの恋愛イベントの場面ではこの手法が用いられていました。ところが、この最後の場面においてはその手法を採用しませんでした。つまり、この最後のキスシーンは意図的にＢＬが表象されたと言えます。

図1　『The Shipper』第7話
キムの姿のパン（右）に思わずときめくソーダ（左）。

このタイドラマ『The Shipper』の例を通して考えたいのは、異性装の物語における恋愛もまた、異性愛と同性愛を同時に内包しているということについてです。これからご紹介するのは主人公が異性装をする日本の中世の物語ですが、実は『The Shipper』からは時間も空間も隔たりのある日本の中世文学に『The Shipper』との共通点を見出すことができるのです。

異性装の条件

ここでまず、日本の中世文学における異性装の物語について考えておきます。そもそも異性装とは身体および自認する性とは異なる性を装うことを指しますが、それは本来、誰にでも等しく開かれた行為であるはずです。しかし日本の中世文学における異性装の物語を分析していくと、異性装をする登場人物たちにある条件を見いだすことができます。それは男女の境界を越境しうる身体を持っているということです。男女の境界を越えうる身体とは、一つは圧倒的な美を備えている身体であり、もう一つは未成熟な身体です。

表1は平安時代末期から室町時代の間に作られた異性装と恋愛を扱った物語と、異性装を行う人物の年齢、容貌の特徴を一覧にしたものです。

『とりかへばや物語』は見た目が瓜二つの男女のきょうだいが性別を取り違えた状態で成人し、それゆえに巻き起こる騒動を描いた物語です。現存するのは元の物語を改作したものですが、

●表1　異性装時の年齢と容貌

作品名	女装／男装	異性装時の年齢	容貌の特徴	成立
『とりかへばや物語』	男装	～19歳	大変美しく、そっくりな容貌。(男女のきょうだいの入れ替わり)	平安時代末期
	女装	～19歳		
『在明の別』	男装	16、7～18、9歳	奇瑞が起きるほどの理想的な姿。	平安末～鎌倉初
『風に紅葉』	女装	11、2～13、4歳	主人公の男君とその妹君とそっくりの美しさ。	鎌倉時代
『児今参り』	女装	17、8歳(外見)	人に勝る美しさ。	室町時代
『新蔵人物語』	男装	12、3～16、7歳	顔つきに男性らしさがある。	室町時代後期

異性装を題材にした物語としては先駆的な作品であり、その後の異性装物へ影響を与えました（『とりかへばや物語』については、第一章と第二章で詳しく論じられています）。

『在明《ありあけ》の別《わかれ》』は、左大臣家で家督を継ぐ男子が生まれなかったため一人娘の姫君が男装をし、男君と女君の一人二役をするという物語です。家督問題が解決したのちに帝に正体を見破られた主人公は、男君は死んだことにして元の性に戻り、帝の元に入内します。

『風に紅葉』は男主人公が寵愛する人物として女装の若君が登場します。この若君は主人公の中将にとっては甥にあたりますが、見た目は自身と自分の妹に瓜二つでした。この若君は家督争いの火種となるのを避けるために姫君として育てられていましたが、その美しさから中将は彼を女装させたまま寵愛します。夜は最愛の妻である一品《いっぽん》の宮《みや》と女装の若君との三人で過ごすほどの寵愛ぶりでした。しかし、この若君が元服して女装を解いたところからこの関係性が変化していき、最終的には事実上、物語の主人公が中将から若君へと交替することになります。

『児今参り《ちごいままい》』は寺院の児が女装をすることで姫君への恋を成就させる物語、『新蔵人物語《しんくろうど》』は男となって走り歩くことを願った姫君の物語です。この二作品は後で詳しく論じます。

さて、この**表1**で最初に注目したいのは異性装を行う年齢です。いずれも十代前半から後半にかけてであり、二十歳を過ぎて異性装を行っている例はありません。これはなぜでしょうか。

異性装は身につける衣服、髪型、化粧を変更します。前近代の日本では男女ともに着物を身につけていますが、着物は男女の身体的な特徴が表れにくい衣服です。しかし、身長だけは隠すことができません。身長は変えられないため、女性が男性を装う場合は背が低くてもおかしくないように少年に近い若い男性を装うしかありません。例えば『在明の別』の主人公である男装の姫君は、十六、七歳では不足するところなどないような美しさであり、身長も成長過程にある若者としては心配ないと述べられています。ところが、十八、九歳を迎える頃には事情が変わってきます。成長期を迎えても一向に伸びない身長は将来への不安へと繋がっていきます。

さりとて、いはけなき御ほどこそあれ、やうやう大人び給はんまま、盛りの宿徳《しゅうとく》にはかはり、たらひても見えざらん丈立ち、御かたちのこまかさをはじめ、朝夕の御まじらひにも、誰かなのめに馴らしきこゆるにはあらねど、かぎりありければ、世のつつましく、

「いつならん時、人笑はれに、世語りにならむ」とのみ、あやぶまれ給ふままに（後略）
（『在明の別』巻二）

（そうはいっても、幼い頃ならまだしも、しだいに成長しなさって、年盛りで威厳のある立場になり、〈男にしては〉十分には見えない身長や、体つきの華奢《きゃしゃ》さをはじめ、朝夕の人との関わりにおいても、誰ともいたずらに親しくし申し上げないようにしているが、それにも限りがあるので、世間に対して気が引けて、「いつ（正体が発覚して）人に笑われ、噂になるだろうか」とばかり、危惧《きぐ》なさるままに）

幼い時ならまだしも、十九歳になった今は、不十分な身長や小柄な体格がいつ正体発覚に繋がるかと危ぶんでいます。そうでなくても低身長と小柄な体格は成熟した貴公子にとっては美質を損ねる欠点になるのです。

一方、男性が女性を装う場合もやはり身体が未成熟である方が望ましいのですが、それゆえに体つきにふくよかさが欠け、女性らしい体つきからは外れることになります。『児今参り』の女装した主人公は第八段で「姿つき細くたをやかにして、少し童なるものから、愛敬付きてあてになまめかしく見ゆ」（身体つきが細くしなやかで、少し少年めいているものの、愛らしく、上品で優美に見える）と表現されます。

『児今参り』では女装した主人公のほっそりとした体つきを「童なり」、つまり少年のような子ども体型と評します。これは逆に肉付きのよい身体を女性的と見なしていることの表れでもあります。着物では体の線は見えにくくなるものの、身長や全体的な肉付きについてはごまかすことができません。最終的にその体格の違いが異性装を不可能にしていくという認識を読み取ることができます。よって、違和感なく異性装を行うためには若いことが条件となっていくのです。

また、異性装を行う者の容貌にも条件があります。それは男女の性差を越えうるほどの圧倒的な美しさを備えていることです。女装でも男装でも周囲に違和感を与えないどころか、周囲から装った性の理想的な美質を備えていると目されなければなりません。そして、その圧倒的な美とは基本的にはフェミニンな美しさを指します。実は『新蔵人物語』のみこの美の基準から外れた物語になっているのですが、このことについては後に詳述します。

表現媒体による異性装の物語の違い

さて、**表1**で示した作品のうち、『児今参り』と『新蔵人物語』は絵巻・絵本の形態で作られた物語です。同じように異性装を扱った物語でも、表現媒体によって読者（視聴者、観客）の捉えるイメージは大きく変わります。例えば、演劇やドラマにおける女装・男装では、女装・男装をする役者の身体の性を観客や視聴者は必ず意識します。そもそも基本的に役者の性別は公に周知されており、観客や視聴者はそれを前提に見ます。また、役者の体型、骨格、声の調子などから、否応なくその身体の性を意識せざるを得ないこともあります。よって、生身の人間が表現する女装・男装は男性と女性の両性を内包しているということができます。一方、視覚情報のない小説の場合は文字情報のみで異性装が表現されます。その場合、視覚によるイメージの固定がない分、読者は場面によって男女の境界を自由に往還することが可能となります。では、マンガなどの絵を媒体とする表現はどうでしょうか。平面的な絵の場合、視覚以外に描かれた人物の性別を判断する材料はありません。絵における女装・男装は、あえてわかるように描かない限り、例えば男装の女性と男性の区別はつきません。つまり、絵を媒体とする異性装の物語は「男女入れ替わり」物と変わりがないことになります。

古典文学作品における絵巻・絵本は、わかりやすく例えるならば挿絵入りの小説と同じです。ただし、絵巻の場合は一枚の絵の中に複数の場面が描かれることがあります。また、中世の一時期には画中詞といって絵の中に登場人物の台詞を書き込むという表現方法もありました。この場合、文章のみによって語られる物語世界と絵と人物の台詞によって表現される物語世界の二重構造を持つことになります。そしてその二つの世界は一つの作品の中で重なりあって内容をより深めることもあれば、離反してパラレルな物語世界を展開することもあります。『児今参り』と『新蔵人物語』はまさにこの画中詞を持った作品なのです。

『児今参り』の両義的な主人公

『児今参り』というタイトルは、寺院の児《ちご》が女装して貴族の邸に仕える女房となり、「今参り」（新人さんの意）と呼ばれたことに由来します。ここでいう児とは、よく高校古典の最初の教材で扱われる「児の空寝《そらね》」の児のことです。一般的な教科書では児のことは「寺院に仕える行儀見習いの少年」と説明されます。しかし、この説明では中世における児について理解するには不十分です。とりわけ児の登場する説話や物語において重要なのは、児は寺院の僧たちの性愛の対象になりうる存在であったという点です。また、児には身分の高い貴族や武家の子弟もいました。牛若丸の物語で有名な源義経も、かつては鞍馬寺の児でした。能「鞍馬天狗」では、鞍馬寺の児であった義経に恋心を抱く山伏が登場します。実はこの山伏は鞍馬山に住む大天狗でした。義経の境遇に同情した天狗は、平家討伐のための兵法を義経に授けるのです。

このように、物語で登場する「児」という存在は、僧（あるいは天狗）に愛でられる存在として位置づけられます。中世には僧と児の恋愛を描いた物語も作られ、後に児物語と呼ばれるようになります。この『児今参り』もその児物語の系譜に位置づけられる作品です。

『児今参り』は比叡山の児が主人公です。比叡山の僧正に寵愛されていた児はある日、内大臣家の姫を垣間見《かいまみ》して恋に落ちます。児は乳母《めのと》の発案で女装し、内大臣家に女房として出仕《しゅっし》をします。そして、女房として姫君の側近くに仕えるようになった児は、ある夜に姫君に自身の思いを告げ、その恋を成就させます。二人は誰にも気づかれないまま秘密の関係を続けますが、やがて姫君は懐妊し、それと同時に児は比叡山に呼び戻されてしまいます。さらに比叡山に戻った児は天狗に誘拐されてしまうのです。その知らせを聞いた姫君は死に場所を求めて出奔《しゅっぽん》し、山に入りますが、そこで尼天狗と出会います。この尼天狗は児を誘拐した天狗の母親であり、彼女の助力によって児は救出されます。その後、児と姫君は児の乳母の家に身を寄せ、姫君は無事に男児を出産します。一方、突然愛娘が行方不明になった内大臣家は大騒動になりました。実家の両親を心配した姫君は、両親に自分の無事を知らせたいと願います。そこで再び児の乳母が策をめぐらします。天狗に誘拐された児が見つかったとの報を比叡山の僧正に伝えると同時に、高貴な姫君も一緒である旨を伝えたのです。その高貴な姫君こそ行方不明になった内大臣家の姫君ではないかと察した僧正は、すぐさま内大臣家に知らせます。児と姫君は同じ天狗に誘拐され、やがて男女の仲になって子をなしたということになり、二人の関係は内大臣家にも認められるところになります。最終的に児は内大臣家の息子として世に披露され、二人は正式に結婚し、一家は繁栄しました。

この『児今参り』における天狗による児の誘拐ですが、これは児物語の名作として名高い『秋夜長物語《あきのよのながものがたり》』の影響と考えられます。『秋夜長物語』は南北朝期に成立した物語で、比叡山の僧桂海《けいかい》と三井寺《みいでら》の児である梅若《うめわか》の悲恋を描いた物語です。比叡山と三井寺は長年にわたって対立していた寺院です。この物語では梅若が天狗に誘拐されたのがきっかけで比叡山と三井寺の間に抗争が起こり、三井寺が焼き討ちにあってしまいます。この有名な天狗による児の誘拐というモチーフが取り入れられていることは、『児今参り』の児も僧の恋愛対象として「見られる」存在であることを示します。しかしその児が姫君を「見る」存在になり、児物語とは立場を反転させて恋愛の主体者となっているのが面白いところなのです。

しかし、そうはいってもこの主人公の児は基本的に周囲の、主に女性たちの助力によって問題を克服しており、物語における従来の児像と同様に受動的な性格が目立ちます。『児今参り』において恋愛の主体者である児は、「見る」側であると同時に「見られる」側でもあるという両義性を持った存在なのです。

児の女装

この物語では児は女装をすることで自身の恋を成就させます。なぜ女装が必要だったかというと、その方法でなければ姫君に近づく術がなかったからです。身分のある貴公子ならまだしも、主人公は一介の児にすぎません。全く身分違いの恋なのです。しかも、姫君は東宮《とうぐう》（皇太子）への入内《じゅだい》が決まっていました。しかし、実はこのことが児にとってはチャンスになります。東宮入内にむけて嫁入り支度をしていた内大臣家では、新たな人手を欲していたのです。内大臣家に女房として採用されれば、姫君に近づくことができます。

さて、この時代に女装をするうえでまず問題となるのは髪でした。女装から男装に転じる際には髪を切るだけでよいですが、男装から女装に転じる際には髪をどうにかして伸ばす必要があります。そのため、異性装の物語では女装の際の髪の問題についてさまざまな方法で解決が試みられてきました。『児今参り』では主人公が児であることが重要でした。基本的に児の髪は結んではいますが女性と同様に長いのです（第七章図3参照）。よって、女装に際しては髪を結わないようにすればよいだけでした。ただし、再び児姿に戻る必要があったため、成人女性なら誰もがしている鬢削《びんそ》ぎはしませんでした。鬢削ぎとは成人儀礼として行われるもので、耳のあたりの髪を短く切りそろえることです。ほとんど完璧な美しさを備えた「今参り」が鬢削ぎをしていないことを、他の女房たちが不審がるという描写もあります。しかし総じてこの児の女装姿は他の追随を許さないほど美しいものでした。

なお、絵画資料に見る児について、黒田日出男はその描写が女性と区別がつきにくいものであることを指摘しています（『増補　姿としぐさの中世史』平凡社、二〇〇二）。特に、外出時の裹頭《かとう》姿（袈裟《けさ》で頭を包み、目だけを出す装い）では身につけている衣装や姿形からは見分けがつきません。そもそも児が表象として女性に近い存在であったことも、この物語における女装に説得力を与えたことでしょう。

姫君と女房の「添い臥し」の習慣

乳母の力添えもあって内大臣家の女房として採用された児でしたが、この段階では新参の女房（「今参り」）ですので主人の側近くの仕事はまかされません。実は女房には階級があり、その階級に応じてまかされる仕事が異なっていました。では、新参女房である「今参り」がどうやって姫君に近づけるようになったかというと、それは彼の琵琶の腕前が評価されたためでした。「今参り」は姫君の琵琶の先生として抜擢され、新参でありながらも姫君の側付きを許されたのです。

さて、恋愛を成就させるためにはここからさらに姫君との関係を築いていく必要があります。そのために都合のいい習慣がありました。それは「添い臥し」という習慣です。「添い臥し」とは夜に女房が女主人に従って添い寝をすることです。基本的に高貴な身分の姫君は、就寝時に一人で寝ることはありません。彼女に仕える女房や女童が、女主人の世話をするため、あるいは女主人の貞操を守るために必ず側に控えていました。また、女房ではなく親族の女性同士でも共寝することがあったことが『源氏物語』からわかります。『源氏物語』紅梅巻には、不婚を貫く宮の御方という女性が登場します。彼女は異母姉妹と同じ部屋で毎夜眠り、仲むつまじく過ごしていました。男性不在の「非性的」な空間である姫君の寝室は、女性同士が連帯する場としても機能していました。しかし、このシステムを逆手にとったのが『児今参り』です。

本来ならば姫君の貞操を守ることが目的の「添い臥し」を務めることによって児は「非性的」な空間を「性的」な空間へと転換させ、自身の恋愛を成就させたのです。

実はこの「添い臥し」による恋愛成就という方法はすでに『とりかへばや物語』でも用いられたものでした。姫君として育った『とりかへばや物語』の男君は、尚侍《ないしのかみ》として女東宮に仕えることになります。通常、東宮は男子がなることがほとんどですが、この物語では帝に男子が生まれず、その妹が東宮位についていました。そして、男尚侍は役目として女東宮と毎晩同じ御帳台で共寝をすることになるのです。この共寝の習慣による身体的接触が契機となって男尚侍は女東宮と性的関係を結ぶにいたったのです。

『とりかへばや物語』や『児今参り』において女性同士が同衾する「添い臥し」の習慣は、異性愛を生み出すための装置として組み込まれているのです。

女房と姫君の恋は成り立つか

女性のみで構成される寝室は「性的」な空間になりえない。その確信のもとに女房による女主人への「添い臥し」という習慣は成り立っていました。

例えば、児が姫君に思いを打ち明ける『児今参り』第十段の画中詞を見てみましょう。この絵には、姫君を口説く児の長台詞も画中詞として書き込まれているのですが、その言葉が漏れ聞こえてきたらしい他の女房たちが次のように会話しています。

上　何とやらん、御目どもの覚めさせおはしましたるやらん。御物語のおとなひせさせおはします。（民部卿殿・新大夫殿）

（どうしたのかしら、姫さまたちが目をお覚ましになったのかしら。お話をなさっているような声がするわ。）

下　何事にてあらんぞ。若き御供とて、絵物語のことにてぞ候ふらめ。（民部卿殿・新大夫殿）

（何事ですか。添い寝役が若い者ですから、絵物語のことでもお話しになっているのでしょうよ。）

（『児今参り』第十段）

まず絵の中の一人の女房が、姫君たちが寝ないでおしゃべりをしているらしいことに気がつきました。それに対してもう一人の女房が今参り（児）は若い添い臥しだから、絵物語のことについて話しているのだろうと言います。実際は児がまさに物語に登場する男君のような口説きを姫君に行っているのですが、女房が姫君に対して口説きを行うとは考えもしていないので、二人が物語について語り合っていると解釈するのです。

しかし、本当に女性のみの寝室は「性的」な空間になりえないのでしょうか。物語はそれを「非性的」な空間としてのみ描き続けてきたのでしょうか。

そこで次に紹介するのは鎌倉時代成立の『我が身にたどる姫君』です。この物語は主人公の姫君の数奇な運命を中心に、七代の帝の約五十年にわたる歴史を描いた長編物語です。七代の帝の中には女帝も登場するなど、基本的に女性たちが活躍を見せるのがこの作品の特徴ですが、この物語で前斎宮《ぜんさいぐう》（以前に伊勢の斎宮を務めた皇女）が女房との同性愛関係を楽しむ様子が描かれています。斎宮は未婚の皇女が務めます。つまり、斎宮を務める間は男性と関係を持つことが許されないのですが、この前斎宮は伊勢にいたころからお気に入りの女房と同性愛関係を結んでいました。そして斎宮を退いて京に戻ってきてからも同様の生活をしていたのです。次に示すのは右大将が前斎宮の部屋を垣間見したときの様子です。若い女房たちが集まっている部屋から障子一枚隔てたところで、前斎宮は一人の女房と睦み合っていました。

障子ひとつを隔てて、これも火いとあかきにぞ、しつらひなどさすがにしるければ、目をつけて見給ふに、同じほどなるに若き人二人、いづれか主ならむ、さしもあるべくもあらず。ものあつれてなりゆくころを、薄き衣を引きかづきたるうちに、かぎりもなく、息もせざらむと見ゆるほどに、首を抱きてぞ臥《ふ》したる。

（障子一枚を隔てて、これまたあかあかと火を灯している部屋は、飾り付けなどがさすがに他とは明らかに違っている。目を凝らして御覧になると、同い年くらいの若い女性が二人。どちらが主人なのであろうか。しかし、主従のけじめがあるようには見えない。暑気あたりもしかねなくなっていく時節だというのに、薄い衣を頭から引きかぶって、その中でずいぶん長時間、息もできないのではないかと思われるほどぴったりと相手の首に抱きついて臥している。）

（『我が身にたどる姫君』第六巻）

前斎宮と女房の関係を目撃した右大将は「むつかしうもの狂ほしげなるに、さま変はり、ゆかしき方も交じれ（うす気味悪く、狂気じみているが、もの珍しくもあり、このまま見続けていたい気持ちがしないでもない）」という複雑な感想を持ちます。

『児今参り』において姫君と恋愛関係になった今参りは、その実は児であり女性ではないですが、社会的にはこの『我が身にたどる姫君』と同様、女主人が寵愛する女房という位置づけになります。しかし、『児今参り』では、二人がどれほど親密な関係を結んでいようと周囲からはそれが性的なものであると認識されませんし、危惧もされません。姫君の母親も今参りのことを務めに熱心な女房として感心するばかりです。一方で、絵によって表現される今参りと姫君の姿は性的な匂いをほのめかします。**図2**は第十三段の姫君と児の別れの夜を描いたものですが、姫君と女房姿の児が向かいあう様子は女性同士が口づけを交わしているようにも見え、まさに『我が身にたどる姫君』で描かれたような女性同士の性的な関係に見えます。

周囲が今参りと姫君の間の恋愛関係にまったく気がついていないことを殊更に描くのは、真相を知っているのは当事者とこの物語を読んでいるあなたたちだけなのだということを物語の

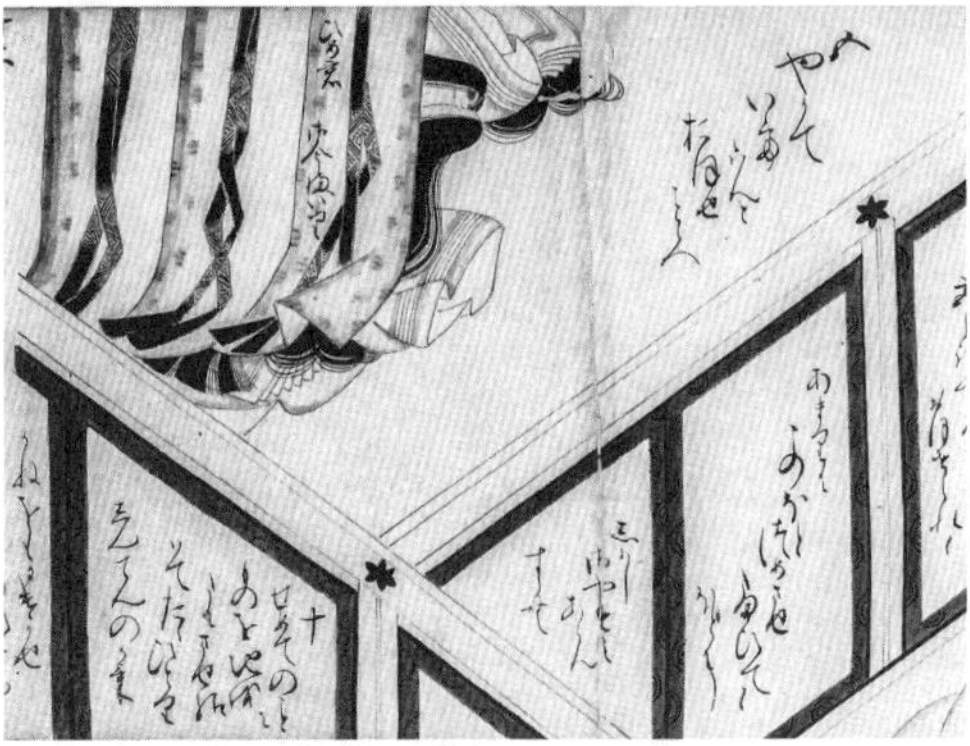

図2　『児今参り』第13段（甲子園学院蔵）
他の女房たちからは障子一枚隔てた部屋で別れを惜しむ姫君と今参り（児）。

作り手側が強調したいからなのでしょう。そして読者は、この二人の恋の内実は異性愛だと知りつつも視覚的には二人の女性が愛し合う姿として認識するのであり、このとき児と姫君の恋は異性愛と同性愛が重なり合う場となるのです。

『新蔵人物語』——物語史上、最も美しくない主人公？

次いで紹介する『新蔵人物語』は白描《はくびょう》（絵が墨線のみで描かれている）の小絵《こえ》（小型絵巻）という形態で伝わる短編の物語です。元は題名未詳の物語でしたが、この物語が紹介された際に、男装した女君が出仕後に「新蔵人」（新人の蔵人という意味）と呼ばれるようになることから名づけられました。その内容は次の通りです。

ある諸大夫《しょだいぶ》の家には一男三女がいました。長男は蔵人として出仕し、帝から寵愛されて将来に不安のない様子でした。そこで両親は三人の娘たちには自由に将来を選ばせることにします。

すると大君《おおいぎみ》（長女）は出家して尼になることを望み、中君《なかのきみ》（次女）は女房として宮中に出仕することを望みます。それぞれ娘の願いは叶えられ、中君は出仕した後に帝の寵愛をうけ、姫宮を産みました。残る三君《さんのきみ》（三女）は尼になることも女房として出仕することも拒絶し、兄の代官として男装して出仕することを望みました。両親は驚きつつもその意向を受け入れます。男装した三君は「新蔵人」と呼ばれ、兄と同様に帝に寵愛されました。そしてついには帝に正体を知られることになります。男装の新蔵人を珍しく思った帝は男装のまま新蔵人を寵愛します。やがて新蔵人は若宮を産みますが、寵愛をかさに着た新蔵人のおごり高ぶった態度に帝の愛も薄れ、それを悟った新蔵人は姉の大君のもとで出家して尼になります。そして姉とともに仏道修行に励み、成仏を果たして一家で往生したのでした。

『新蔵人物語』は一連の異性装の物語の中では最も時代が下っての成立であり、そのためかさまざまな点において先行作品との相違があります。

【先行作品との相違点】

①主人公の家格《かかく》が低い。

②主人公の異性装は本人の自由意思によってなされている。

③主人公の容貌を賞賛する描写がない。

④最後まで主人公の異性装が解除されない。

●表2　異性装者の家格と異性装の理由

作品名	家格	理由	結末
『とりかへばや物語』	権大納言（後に関白左大臣）	天狗の呪いのため。	女君は皇子を生み、中宮になる。男君は関白左大臣となる。
『在明の別』	左大臣（後に太政大臣）	家の後継者問題のため。	皇子を生み、中宮になる。
『風に紅葉』	関白左大臣	家督争いの火種となることを避けるため。	関白左大臣家の家督を譲り受ける。
『児今参り』	藤原北家の末裔	恋する姫君に近づくため。	姫君と結婚、大将になる。
『新蔵人物語』	諸大夫	男として出仕することを望んだため。	男装のまま出家。

表2は**表1**で取り上げた作品における異性装者の家格と異性装の理由およびその結末をまとめたものです。

まず①の家格ですが、先行の作品では最高位かそれに近い家格です。『児今参り』の児は両親を早くに亡くしたために乳母に育てられましたが、実は摂関家である藤原北家《ふじわらほっけ》の末裔であることが後に明らかになります。しかし『新蔵人物語』の主人公の家は諸大夫（四位・五位に相当）であり、中流の家柄です。

次いで②異性装の理由です。『とりかへばや物語』や『在明の別』『風に紅葉』では本人の意思だけではどうにもならない理由で異性装を行っていますが、『児今参り』『新蔵人物語』では選択可能な理由で行っています。また、その『児今参り』でも異性装を提案するのは主人公ではなく乳母ですが、『新蔵人物語』では主人公自らが提案し、両親を説得します。つまり、この『新蔵人物語』の主人公だけが全く自発的に異性装を行うのです。

③主人公の容貌については**表1**でご確認ください。先にも述

べたように、物語として魅力的な異性装のためには男女の境界を越えるほどの圧倒的な美を備えていることが求められます。そして『新蔵人物語』を除くすべての作品において、異性装を行う者はこの美質を持っていました。しかし、この物語の主人公はそのような圧倒的な美貌の持ち主ではありません。むしろ彼女の顔立ちの描写は常に男性らしさが強調されます。この新蔵人の異性装と顔立ちについて考えるにあたって、シュミット堀佐知が提示した顔立ちと装い（髪型・服装）の組み合わせによる美のヒエラルキーを紹介します（表3）。

シュミット堀佐知は『源氏物語』や『とりかへばや物語』『新蔵人物語』などの物語におけるノンバイナリー・ジェンダーの分析から、前近代の日本では、顔立ちが女性的で装いが男性的であるものが最も評価されるということを指摘しました。この際、性器の性別は問いません。顔立ちを「絵」だとし、装いがそれを囲む「額縁」だとすれば、その絵と額縁にコントラストがあることによって美が生み出されるのです。女性にして男性というような非現実的なものへの欲望が、『源氏物語』帚木《ははきぎ》巻で光源氏に向けられた「女にて見たてまつらまほし（女にして拝見していたい）」という男性貴族たちの願望に繋がっていきます。この言葉からもわかるように彼の顔立ちはとてもフェミニンなものでした。『源氏物語』では男性の美しさに対する形容で「女にて見たてまつらまほし」は最上のものです。光源氏以外には朱雀院や冷泉帝など限られた人物に対してしか使われません。一方、逆に男性的な顔立ちに女性的な装いをするのが

●表3
シュミット堀佐知「前近代日本文学における顔立ちと装いの性的特徴の4通りの組み合わせによる身体的魅力のヒエラルキー」

	顔立ち	装い	異性装の例	非異性装の例
(1)	女性的	男性的	女中納言(『とりかへばや物語』) 女大将(『在明の別』) 巴御前(『平家物語』)	光源氏(『源氏物語』) 源義経(『義経記』) ヤマトタケル(『古事記』)
(2)	女性的	女性的	男尚侍(『とりかへばや物語』) 若君(『児今参り』) ヤマトタケル(『古事記』女装時)	＜美しい姫君たち＞
(3)	男性的	男性的	新蔵人(『新蔵人物語』)	＜平均的な容貌の男性たち＞
(4)	男性的	女性的	男君(『堤中納言物語』「虫めづる姫君」)	三君(『新蔵人物語』)

Sachi Schmidt-Hori, "Nonbinary Genders in Genji, the New Chamberlain, and Beyond", *The Tale of Genji* (Norton Critical Editions, edited by Dennis Washburn, W. W. Norton & Company, 2021)
＊(4)の異性装の例については後日シュミット堀佐知が補足したもの。

最も評価が低いということになります。つまり、『新蔵人物語』の主人公の容貌は最低ランクということになり、物語の主人公としては最も美しくない容貌の持ち主ということになるのです。

最後に④の結末についても確認します。『新蔵人物語』以外の物語では、異性装の主人公たちはやがて異性装を解除し、天皇の后として皇子を産み、国母となったり、社会的地位を得たりして、一家繁盛となって終わります。しかし、『新蔵人物語』では主人公は結局最後まで異性装を解除しません。また、一時は帝に寵愛されるものの、後にその愛を失って出家をします。中世の物語では主人公が失恋して出家するような話型を出家《しゅっけ》遁世《とんせい》譚と呼びます。出家遁世をするのはほとんど男主人公ですが、この『新蔵人物語』も一種の出家遁世譚と見ることもできます。つまり、他の異性装の物語のように一般的な「幸福な結末」を迎えていないのです。

新蔵人の男装の理由

数ある作品の中で唯一、完全に自発的な意思で男装をしているのが『新蔵人物語』ですが、では彼女はなぜ男装を望んだのでしょうか。第一段の絵では「男になって走り歩きたい」（画中詞）という新蔵人の願いが明らかにされています。

木村朗子はこの新蔵人の男装を「見た目どおりの男性としての性を生きるために、装いの性を一致させるためのもの」（「宮廷物語における異性装」／服藤早苗・新實五穂編『歴史のなかの異性装アジア遊学二一〇』勉誠出版、二〇一七）と評しています。『新蔵人物語』では、それ以外の男装の物語に比べて、主人公の女性としての身体性に言及がありません。本人も周囲も新蔵人のことは男性と認識しており、本人の自認している性にあわせて男装しているわけだから、これは異性装ではないと論じています。シュミット堀佐知も、新蔵人は男装することによって顔立ちと装いを一致させたと指摘しますが、その思惑は野心的なものであったとみなします。つまり、新蔵人は男性的な容貌を持つ自分は女性の装いのままでは男性から女性として寵愛を得るには不利であると認識した上で、帝から寵愛を得るために、戦略的に男装したのだとするのです。

なぜ、男装をすることが帝からの寵愛を得ることに繋がるのかというと、実はこの物語の帝は

図3　伝後柏原院卿内侍筆『新蔵人物語』第8段（大阪市立美術館蔵）

図4　伝後柏原院卿内侍筆『新蔵人物語』第3段（大阪市立美術館蔵）

新蔵人の兄蔵人と性的関係を持っていたと考えられるためです。新蔵人は男装出仕を両親に申し出る際に、「兄の蔵人が帝の伽《とぎ》にお仕えしないこともあるので、代わりに自分が伽を務めよう」（第五段）と主張しています。ここでいう「伽」とは夜に主人の無聊《ぶりょう》を慰めるために側にお仕えすることですが、『児今参り』でも登場した「添い臥し」のように、性的な関係の隠れ蓑になります。事実、新蔵人は兄の代わりに帝の側仕えをするうちに帝から寵愛を得るようになりました。つまり、新蔵人は異性愛ではなく同性愛を動機として帝の寵愛を得ることに成功するのです。**図3**は新蔵人が帝と恋仲になる第八段です。この場面は第三段の姉中君が帝の寵愛を得る場面（**図4**）の構図を踏襲し、男装の新蔵人が帝の寵愛を得たことを表しています。

第一段の画中詞で新蔵人は「男になって走り歩きたい」と述べていますが、彼女の性自認は女性であったろうと推測されます。それというのも、第七段で姉の中君が帝に寵愛されている様子を見た新蔵人はやはり画中詞で「女房にて参りて、我が身も宮を産みまゐらせて。（あたしだって女として参内して、宮をお産み申し上げることだってできたかもしれないのに）」と独り言を漏らしているためです。産む性である自分をはっきりと意識しています。姉への対抗心は続く第八段でより明確になり、姉に勝る寵愛を得た新蔵人はしてやったりと思います。どのような形であろうと帝の寵愛を得れば宮中では勝ち組です。そのために帝の性的指向を利用した可能性は大いにあります。

新蔵人の男装は帝の寵愛を得るという社会的成功を目指すための戦略的なものであったとするシュミット堀佐知の見解は説得力があります。しかし、彼女の社会的成功は一時的なものでした。この物語の特異な結末を考慮すると、たびたび描写される新蔵人の容貌の男性性と男装にはさらなる意味があると考えられます。

女性にとっての「幸福な結末」とは

この物語で主人公は帝の寵愛を得て一時は成功をおさめましたが、最後は帝の愛を失って出家をするので、結局この物語で主人公は成功していないようにも見えます。しかしこれは従来の異性装の物語の価値観にあてはめてこの物語を見た場合であり、この物語の論理では立派な

「幸福な結末」になっているのです。

　そこで、まず『新蔵人物語』が何に価値を置く物語なのかを考えてみます。先行の男装の姫君の物語では、天皇のもとに入内し、皇子を産んで国母となることが女性の社会的成功として描かれていました。『新蔵人物語』でも、新蔵人は帝の寵愛を得て若宮を産んでいます。しかし、この物語では帝には中宮との間に若宮がすでに何人もいるため、主人公の産んだ若宮が帝位につく可能性は初めから閉ざされていました。代わりに新蔵人は出家して女人成仏《にょにんじょうぶつ》を果たし、一家で往生を遂げるのです。そして、この物語の末尾は次のような詞でしめくくられます。

　　姉妹《おとどい》、かやうにのみ言ひ交はして仏道なりけるぞ、返す返すもめでたく侍りけれ。父母、内侍殿《ないし》も定めて一つ蓮《はちす》に迎へられ給ひけんかしとぞ侍る。

　　（姉妹はこのように互いに語り合い、仏道修行が成就したのは大変すばらしいことであった。父母、内侍殿もきっと極楽往生なさったことであろう。）

（『新蔵人物語』第十七段）

　新蔵人と姉の大君の仏道修行が成功し、一家で往生を果たしたことをめでたいといって言祝《ことほ》ぐのです。つまり、従来の物語が現世における一家繁盛を目指すのに対し、『新蔵人物語』は死後での一家繁盛という仏教的な幸いに価値を認める物語なのです。

『新蔵人物語』がそのような価値観を持つ物語であると考えると、主人公である新蔵人の容姿についての描写も別の意味合いを持つことになります。先行の物語では異性装者は男女を超越した美しさを備えていましたが、新蔵人は男性的な容姿であることが繰り返し描写されていました。実はこの新蔵人の身体的男性性は女性が成仏を遂げるうえでは必要な条件だったと言えるのです。

中世では女性には「五障《ごしょう》」があるため往生・成仏はできないという認識が広く共有されていました。その典拠となるのは『法華経』提婆達多品《だいばだったぼん》の竜女《りゅうにょ》成仏説話です。「五障」とはそもそも女性が「梵天王《ぼんてんのう》」「帝釈《たいしゃく》」「魔王」「転輪聖王《てんりんじょうおう》」「仏身《ぶっしん》」という五つの存在になれない、その存在になることから女性は隔てられているという意味でした。ところが『法華経』が日本的な理解をなされていくうちに「五障」とは女性の持つ罪障《ざいしょう》を意味する言葉となります。五障のある女性たちが成仏を果たすために必要とされていたのが「変成男子《へんじょうなんし》」、つまり仏教の力で身体的に男子になることでした。その方法はいくつかありますが、『新蔵人物語』では光明真言《こうみょうしんごん》を唱えることで変成男子を目指しました。光明真言は主に葬送儀礼で用いられていた真言ですが、後に女性には変成男子の功徳があるということで女性の信仰も集めるようになります。特に女人救済の観点で光明真言を広めた人物に、高山寺の中興の祖である明恵《みょうえ》（一一七三―一二三二）がいます。明恵は承久の乱（一二二一）で夫を失った女性たちを中心に、女人救済に積極的だった僧として知られています。『新蔵人物語』で大君と新蔵人が修行を行った寺は京都の梅ケ畑にあったという記述がありますが、かつてそこには明恵が主導した尼寺、善妙寺があり

図5　伝後柏原院卿内侍筆『新蔵人物語』第16段（大阪市立美術館蔵）

ました。大君が出家する第二段には「念仏も申し、真言もして行ふ」（第二段）と大君の仏道修行の様子についての記述がありますが、この「真言」というのが光明真言のことだと考えられるのです。

さて、この「変成男子」と絡めて新蔵人の男性性について考えた場合、新蔵人の男性性は見かけ上の美質よりも価値のあるものと考えることができます。

第十六段は梅ケ畑にいる大君のもとで仏道修行に励む新蔵人が描かれた段です（図5）。ここに描かれた尼たちは全員頭を剃られた姿で、一見、僧と尼の区別がつきません。このような尼の描き方は珍しく、意図的に表現されたものと考えられます。尼の髪型には尼削《あまそ》ぎという方法もあり、また一般的に尼が描かれる際には頭巾を被った状態であることが多いのです。勝浦令子は尼の完全剃髪《ていはつ》について転女成男による成仏との関連を指摘しています。尼にとって尼削ぎではなく僧と同じように完全に剃髪することは、髪型において男女の性差をなくすものであり、一種の男装とも言えるのです（勝浦令子「尼削ぎ攷」／大隅和雄・西口順子編『尼と尼寺』、平凡社、一九八九）。

新蔵人がこれまでしてきた男装も尼となってからの完全剃髪も、擬似的な変成男子として捉えることが可能です。さらに、新蔵人は自身の意思では変えることのできない容貌においてすでに変成男子をしていました。第十六段の画中で新蔵人は、このままでは男性の僧に見えるため尼らしく装うように姉たちから言われます。それに対し、「変成女子になった気持ちがする」、つまり男子になるのではなく女子になったようだと述べます。しかし、いくら尼らしく装いを変えたところで新蔵人の生まれもった男性的な容貌は変わらないのです。

先行の異性装の物語の主人公たちは、異性装でも本来の姿に戻っても損なわれることのない美しさを備え、それによって社会的成功を手にすることができました。同様に、『新蔵人物語』においても新蔵人は決して損なわれることのない成仏のための資質を備えており、だからこそ仏教的救済という幸福を手に入れることができたのです。

確かに『新蔵人物語』はわかりやすい異性愛的ハッピーエンドではありません。しかし、宗教による自己と家族の救済も間違いなく一つの幸福の形です。すでに中世において、多様なハッピーエンドの価値観が示されていたのです。

クィアを内包する古典文学

ここまで、日本の中世文学で異性装が登場する恋愛物語を中心に、異性装の恋の多義性について見てきました。

現代を生きる読者が前近代の物語に触れる時、それを理解するのに大きな障壁となるのは現代とは異なる習慣や価値観です。いくら物語を現代語訳しようとも、習慣や価値観についての理解がなければ意味が伝わらなかったり、誤解を生んだりします。日本の古典文学における異性装は、現象としては現在と同じでも、物語内では現在と異なる文脈で捉えられている可能性があります。そもそも「男」と「女」のあり方も過去と現在は連続しているようにみえて変化し続けています。異性装について考えるならば、そもそも「男」とは何か、「女」とは何かという問題が前提になりますが、あまりにも当たり前で自明のように思えるこの問題が常に揺らぎ続けていることをまず認識しておく必要があります。

たとえば『児今参り』の主人公である児は現代の文脈だけでは理解することが不可能な中世社会に特有の存在です。そして、その児のジェンダーについての理解がなければ、この物語における異性装の意味と、その恋のあり方の面白さを解することはできません。児のジェンダーと、その恋が育まれた場を考えれば、女装の児と姫君の恋は限りなく同性愛に近い異性愛でした。一方、『新蔵人物語』では女性の身体が男性性を帯びることに対する仏教的な意味を知らなければ、新蔵人の見た目の特質や男装の意味を見逃してしまうでしょう。また、帝が臣下を性的な意味で寵愛する可能性についても、ある程度歴史に詳しくなければ思い至ることはないでしょう。

特に、現代の恋愛物語では基本的に異性愛が前提にあり、そうでない場合は事前に知らされていることが多いです。この物語はクィアな物語ですよ、BLですよ、この人物はゲイですよ、あるいはレズビアンですよ、といった具合にです。そうすることで初めて読者は異性愛以外の文脈で物語を捉えられるようになります。しかし、前近代の文学はそのような看板を持ちません。おそらくいちいち知らせなくても誰も誤解もしなければ戸惑いもしなかったでしょう。なぜなら、そうした今でいうところのクィアな世界が当たり前に認知されていたからです。

最初に紹介したタイドラマ『The Shipper』において、キムの体に入ってしまったパンに、パンの親友のソーダはそれと知りながらも恋心を抱きました。異性愛を前提とする物語であれば、ソーダは自身の心の動きに戸惑いを覚えるはずの展開です。しかしソーダは自身の心の動きをありのままに受け止め、直接的にパンに好意を明かします。そして、ソーダは友達だというパンに、たいていの恋は友達から始まるものだと説くのです。もちろん、ソーダがパンに恋心を抱くようになったのは、パンがキムの見た目をしていることが大きく関わっているわけですが、その気持ちを何の葛藤もなしに受け入れているのはソーダがBLを通して自分自身にもクィアな部分があることを理解していたからでしょう。

同様に、前近代の物語の登場人物もその読者も、多義性のある異性装の恋をありのままに受け入れていたのでしょう。そして、現代の私たちが過去の日本で作られた異性装の恋を読むことは、現在のジェンダーや恋愛観を相対化し、自身の今まで見えていなかった新たな可能性を拓くきっかけになるのではないでしょうか。

第四章　巴　「女武者」像の展開

森田貴之

『平家物語』の巴

日本の古典文学史上、最も著名な〝闘う女性〟といえば、軍記物語『平家物語』に登場する巴《ともえ》（後世には巴御前と呼ばれます）と言ってよいでしょう。古くから人々の関心を集め、多くの物語に取り上げられてきました。本稿では、古典文学作品から現代の大河ドラマまで、「女武者」巴の物語がどう描かれてきたのかを見てみたいと思います。

まずは、巴の物語の始発である『平家物語』（以下『平家』）を見てみましょう。バリエーションの多い『平家』諸本のうち、古態を残す部分が多いと考えられている延慶本『平家』を取り上げます。

北国から挙兵し、一時は入京、平家を都落ちさせた木曽義仲《きそよしなか》は、皇位継承への介入などにより後白河法皇と不和となり、法住寺《ほうじゆうじ》合戦に及んで、法皇・後鳥羽帝を幽閉するなどの行動に出ます。しかし、源頼朝《みなもとのよりとも》の派遣した源範頼《のりより》・義経《よしつね》の軍勢に、宇治や瀬田で敗れた義仲は、数名の部下とともに北国へ落ち延びようとします。その中に巴（「鞆絵」などと表記されますが、作品中以外では「巴」で統一します）の姿もありました。

七騎が中の一騎は鞆絵と云へる美女なり。紫皮のけちやうの直垂《ひたたれ》に萌黄《もえぎ》の腹巻に重籐《しげどう》の弓に護田鳥尾《うすびょう》の矢を負ひ、白葦毛《あしげ》なる馬の太く逞《たくま》しきに小さき舳絵《ともえ》すりたる貝鞍置きてぞ乗りたりける。木曽は幼少より同じき様に育ちて、腕押し・頸引きなむど云ふ力態《ちからわざ》、駆《か》け組みてしけるに、少しも劣らざりける。かかりしかば、木曽身近くつかはれけり。

（延慶本『平家物語』第五本「義仲都落つる事　付　義仲討たるる事」）

巴は、直垂・腹巻姿で、弓矢を帯《たい》し、馬に乗り、堂々たる武者姿で義仲に従っています。そして、その巴と義仲との関係は、幼少期からともに育ち、身近に仕える存在であったとされていますが、そうした関係になり得た理由は、巴が組手の相手としても義仲に全く劣るところがなかったという、その武芸に求められています。

そこに二人の敵武者が追いかけて来ますが、巴は、左右の手でその二人を捕らえ、その首を絞めて殺します。その様子は、次のように評されま

図1　歌川広重「巴御前」（太田記念美術館蔵）

す。

女なれども究竟《くっきょう》の甲者《こうのもの》、強弓精兵《つよゆみせいびょう》、矢つぎ早《ばや》の手ききなり。軍《いくさ》ごとに身を放たず具《ぐ》せられけり。齢《よわい》三十計《ばかり》なり。童部《わらわべ》を仕ふ様に朝夕仕ひけり。（同前）

巴が「女なれども」剛の者であるがゆえに、戦場に帯同されていたことが改めて示されていますが、「童部を仕ふ様に」とあることを見れば、義仲の妻や恋人としては扱われていないことがわかります。さきほど巴について「美女」とありましたが、これも「便女《びんじょ》」（側仕えの女性）の意味だとされています。

この後、巴は、合戦中に姿が見えなくなるのですが、矢二つ、三つを残し、曲がった太刀を持って、再び義仲のもとに現れます。その間の事情を問われた巴は、義仲と次のような問答を交わします。

（巴は）「敵あまた打ちたり。打ち死にせむと思ひつるが、君のここに渡らせ御座《おわ》す由《よし》承りて打ち破りて急ぎ馳《は》せ参りて候」とぞ申しける。木曽これを聞きて、「いしくもしつる物かな」とて、返す返すほめられけり。（同前）

巴は、討ち死するよりも義仲の元へ駆けつけることを選んだと答え、それに対して義仲は、「いしくもしつる物かな（殊勝《しゅしょう》なことだ）」と何度もほめています。巴は「武者」として主君義仲の、最後の供をしようと戻ってきたわけです。しかし、その後、巴は「落ちやしぬらむ、打たれやしぬらむ、行方を知らずなりにけり」と、いつの間にか行方がわからなくなります。
延慶本を含む『平家』諸本は、このあとに義仲とその乳母子《めのとご》今井兼平《かねひら》の主従の最後の物語を詳細に描くのですが、それに比べて、巴の扱いは淡泊で、行末《ゆくすえ》もはっきりしないまま物語から退場していきます。

『平家』の他のバリエーションではどうでしょうか。国語教科書への採録も多く、一般に最もよく読まれている、語り本系の覚一本を見てみましょう。

木曽殿は、信濃より、巴・山吹《やまぶき》とて、二人の便女を具せられたり。山吹はいたはりあって都にとどまりぬ。中にも巴は色白く髪長く、容顔まことにすぐれたり。ありがたき強弓《つよゆみ》、精兵《せいびょう》、馬の上、徒立《かちだ》ち、打ち物もっては鬼にも神にもあはふどいふ一人当千の兵《つわもの》なり。究竟《くきょう》の荒馬乗り、悪所落《あくしょおと》し、いくさといへば、札《さね》良き鎧着せ、大太刀・強弓持たせて、まづ一方の大将には向けられけり。度々の高名、肩を並ぶるものなし。

（覚一本『平家物語』巻九「木曽最期」）

巴は、病気のため都に残された「山吹」という女性とともに登場し、巴の容姿への言及も見られます。しかし、語り本系の一つである百二十句本に「容顔まことに美麗なり。されども大力の強弓精兵……」とあるように、その女性としての美しさゆえではなく、やはり「一人当千」の武者ゆえに「一方の大将」として戦場にいると読むべきでしょう。延慶本と巴の立場は大きくは変わりません。異なるのは、巴が義仲から、戦場からの離脱を命じられる場面が描かれることです。

（義仲）「おのれはとうとう、女なれば、いづちへもゆけ。我は打ち死にせんと思ふなり。もし人手にかからば自害をせんずれば、木曽殿の最後のいくさに、女を具《ぐ》せられたりけりなんど言はれん事もしかるべからず」と宣《のたま》ひけれども、（巴は）なほ落ちもゆかざりけるが、あまりに言はれ奉《たてまつ》りて、「あっぱれ、よからう敵《かたき》がな。最後のいくさして見せ奉らん」とて、（中略）恩田の八郎に押し並べて、むずととって引き落とし、我が乗ったる鞍《くら》の前《まえ》輪《わ》に押しつけて、ちっとも働かさず、頸《くび》ねぢきって捨ててんげり。その後、物具《もののぐ》脱ぎ捨て、東国の方へ落ちぞゆく。（同前）

義仲は「女なれば、いづちへもゆけ」と、「女」であることを理由に巴を戦場から去らせようとしています。しかし、それは女性である巴を労《いたわ》る心情やその将来を思いやってのことではありません。「木曽殿の最後のいくさに、女を具せられたりけりなんど言はれん事もしかるべからず」とあるように、義仲は自らの都合（要するに男としてのメンツです）を理由に、女性である巴を去らせようとするのです。この場面以前に、巴を義仲の妻や恋人とするような描写はなく、そもそも義仲は、京で愛する別の女性との別れを惜しんでもいました。ここに義仲の巴への愛を読むことは難しいでしょう。

それでもすぐには戦場を去らなかった巴ですが、「あまりに言はれ」たため、武者としての最後の戦いとして、恩田八郎を討ち取ると、「物具脱ぎ捨て」東国へ落ちていきます。物具を脱いだのは逃げのびるためということなのでしょうが、武装を解いた巴は、もはや「武者」ではなく、一人の女性として東国へ落ちていったことになります。

百二十句本も、展開はほぼ同じですが、「なんぢは女なれば、一所《いっしょ》にて死なんことも悪しかりなん」と、覚一本よりもはっきりと〝一所の死〟を義仲から否定されています。さらに義仲が「義仲が後世をも弔ひなんや」と、巴に自身の死後を弔う役割を与えて戦場から去らせる点もやや異なります。巴は、覚一本同様、最後の奮戦をした後、「泣く泣くいとま申して」武装を解いて離脱していくのですが、「武者」からの移行が覚一本よりも明確になっています。

このように、覚一本など語り本系の『平家』では、延慶本では描かれなかった、巴と義仲の別れの場面が描かれました。そこでの巴は、武勇を期待されて戦場に赴《おもむ》きながら、最後には「女」であることを理由に戦場からの退去を求められます。そのとき、「武者」たらんとして主命に随うならば、それが戦場を去ることである以上、結局は「女性」として戦場を去ることになってしまう、という問題が巴に突きつけられます。ここに巴が「女武者」であることの悲劇が浮上しています。

『源平盛衰記』の巴

読み本系『平家』のひとつで、最も拡大した『平家』である『源平盛衰記』（以下『盛衰記』）では、巴の出自等も詳細になるなど、その物語が拡大し、「この巴と云ふ女は木曾中三権頭が娘なり。心も剛に力も強く、弓矢取っても打物《うちもの》取ってもすくやかなり」（巻二九「倶梨伽羅山」）と、巴は中原兼遠《かねとお》（義仲の乳母夫）の娘となっています。つまり、義仲が最後に一所での死を望む今井兼平と兄妹となり、正式な乳母子とは言えないまでも、乳母夫の子という意味では並列的な立場となるわけです。そして「乳母子ながら妾《おもいもの》にして」（巻三五「巴関東下向」）と、義仲と特別な間柄であることも示唆されます。巴の戦場での活躍もより詳細に描かれるようになり、巴と畠山重忠《しげただ》とが戦場で相まみえる緊迫した場面が加わるほか、巴と内田家吉《いえよし》との一騎打ちの様子など、後世に伝わる巴の武勇が詳述されるようになります。

ただし、その武勇ゆえに戦場に帯同しながら、最後の戦いに及んで、「最後に女に先陣懸けさせたりと、いはん事こそ恥《は》づかしけれ。汝には暇《いとま》を給《た》ぶ。疾々《とくとく》落ち下れ」と、女性であるがゆえに義仲から離脱を求められる点は、覚一本などと同じです。

『盛衰記』での巴は、義仲のその言葉に対し、

我幼少の時より君の御内に召し仕はれ進《まい》らせて、野の末、山の奥までも、一つ道にと思ひ切り侍り。今懸《かか》る仰《おお》せを承《うけたまわ》るこそ心うけれ。君のいかにも成り給はん処《ところ》にて、首を一所

に並べん。　（巻三五「巴関東下向」）

と、幼少期からの絆《きずな》を説き、あくまでも「一所の死」を主張します。しかし、義仲はそれを許しません。

誠にさこそは思ふらめども、我、去年の春、信濃国《しなののくに》を出《いで》し時、妻子を捨て置き、また再び見《み》ずして、永《なが》き別《わか》れの道に入らん事こそ悲しけれ。されば無からん跡《あと》までも、この事を知らせて、後の世を弔《とぶら》はればやと思へば、最後の伴よりも然《しか》るべしと存ずるなり。疾々《とくとく》忍び落ちて信濃へ下り、この有様《ありさま》を人々に語れ。敵も手繁《しげ》く見ゆ、早々《はやはや》。（同前）

ここで、義仲は巴に対し、妻や子に自分の最後を伝えることと、その後の弔いを求めています。それを依頼される巴を〝最愛の女性〟と見ることはできません。「最後の伴よりも然るべし（最後の伴をするよりふさわしい）」とあるように、「一所の死」を拒否され、弔うことしか許されない形での離脱でしょう。

結局、巴は「主命に随ひ」「物具《もののぐ》脱ぎ捨て、小袖装束して」信濃へ戻り、義仲に命じられた通り、義仲の妻子に顚末を語り、「互ひに袖をぞ絞」りあったとされます。戦場を離脱するだけでなく、その後、義仲の妻子のもとに至る様子までが描かれるのも、『盛衰記』の特徴ですが、『盛衰記』にはさらに、次のような後日談も付されます。

平家の滅亡後に鎌倉に呼ばれた巴は、処刑されることになります。しかし、巴の様子を見た和田義盛《わだよしもり》が、「あの様の種を継がせばや」と、その身元を引き受けることを望みます。一旦は頼朝に拒否された義盛でしたが、三浦義明《みうらよしあき》の子孫が二心《ふたごころ》なく将軍家に仕えた例をあげて説得し、ついに許されて巴を妻としたというのです。そして、巴は義盛との間に朝比奈義秀《あさひなよしひで》を産んだともされています。

巴に対して、和田義盛の「妻」、朝比奈義秀の「母」という新たな造型が与えられたこの後日談は、朝比奈義秀の年齢などから見て、到底《とうてい》事実ではありません。ただ、巴と義秀は、史実ではなく「大力」という伝説上の共通点で結び付いていました。例えば、義秀は義盛の乱に際し、幕府の惣門《そうもん》を破って南庭に入り、足利義氏《あしかがよしうじ》の鎧の袖を引きちぎるなどの大力を発揮し、「壮力を彰《あらわ》すこと既に以て神の如《ごと》し」(『吾妻鏡』建保元年五月二日条)と称賛されますが、こうした鎧の袖が引きちぎられる描写は、『盛衰記』の畠山重忠と巴が相まみえた場面にも見え、強力で知られた畠山に鎧の袖を捕まれた巴は馬をあおって逃れ、畠山の手に巴の鎧の袖が残された、と描かれています。『盛衰記』の巴は鎧の袖を引きちぎられた側ですが、畠山からは「鬼神の振舞」と称賛されます。こうした両者の「大力」への関心が巴と義秀を結んでいます。しかし、そうした「大力」への関心があっても、『盛衰記』は、その後の巴にそれ以上の「大力」を発揮させることはせず、あくまでも「夫」義盛と「子」義秀を弔う役割だけを担わせます。後日談においての巴は、もはや「女武者」ではありません。

ここまでの『平家』における巴を振り返ってみましょう。延慶本では、巴は義仲と最後を共にすることはできませんでしたが、その最後の別れが描かれないがゆえに、巴が女性であることは、直接的には物語内に浮上してはいませんでした。一方、覚一本などでは、巴は義仲に「女なれば」という理由によって戦場からの離脱を求められ、「女武者」であることの悲劇が物語のなかに浮上してきます。百二十句本などでは、離脱の理由として後世を弔う役割が与えられていますが、それは『盛衰記』が「最後の伴よりも然るべし」というように、「一所の死」「最後の伴」を拒否されたも同然でした。そして、『盛衰記』での巴はさらに、和田義盛の「妻」、朝比奈義秀の「母」となったとされ、和田合戦のあとの、夫や子を弔う姿も強調されました。「女武者」巴の物語に焦点があたるほどに、物語の中での巴は「武者」としての生き方を許されなくなっていったのです。

巴と板額

巴の身柄を和田義盛が引き受けたとする『盛衰記』の後日談は、『吾妻鏡』に見える板額御前《はんがくごぜん》に関する記述から構想されたものと推測されています。

板額御前とは、鎌倉時代前期の建仁元年（一二〇一）に、京で城長茂《じょうながもち》の乱（建仁の乱）と呼ばれる反乱事件を起こした長茂の姉妹で、甥の城資盛《じょうのすけもり》とともにその本領《ほんりょう》である越後《えちご》で挙兵した女性です。越後でも幕府軍によって鎮圧されてしまいますが、『吾妻鏡』には髪を結い上げ、腹巻を着して、矢倉の上から矢を射かけて奮戦する板額御前の姿が記録されています。しかし、高所から射られて傷を負い、それをきっかけとして城資盛勢は敗北し、捕らえられた板額御前は鎌倉に護送され、将軍頼家の前に引き出されます。その様子は次の通りです。

藤沢四郎清親、囚人資盛が姨母《おば》〈板額と号する女房〉を相具して参上す。(中略) この間いささかも諂《へつら》ふ気なし。およそ勇力の丈夫に比《くら》ぶといへども、敢《あ》へて対揚《たいよう》を恥づべからざるの粧《けはい》なり。ただし顔色においては、ほとほと陵園《りょうえん》の妾《しょう》に配すべし、と云々。

(『吾妻鏡』建仁元年六月二八日条)

堂々とした板額の様子が勇敢な男子と相対して恥ずかしくない様子であると褒められ、その容貌も、美人ゆえに後宮で妬まれ陵園(皇帝の陵墓)に送られて一生を過ごすことになった女性に匹敵すると述べています(ただし、この箇所が、伏見版およびそれを引き継いだ寛永版の付訓で「但《シ》於《テハ》二顔色《ガンシヨクニ》一殆《ホトンド》可《ベシト》レ醜《ミニクカル》二陵薗妾《レウエンノセフヨリ》一」と読み下されたことで、「陵園の妾よりも醜い」と解釈され、後世、板額醜婦《しゅうふ》説が広まります)。

その翌日、御家人の浅利義遠《あさりよしとお》が板額の身を預かりたいと申し出ます。将軍頼家がその思惑《おもわく》を問うと、義遠は、たくましい男子をもうけて武家をお助けするためであると答えます。それに対し、頼家は「この者の顔立ちはよいが、心の猛々しさを思えば誰が愛らしく思うだろうか」

などとからかいつつ、義遠の望みを許しました。

その後、義遠とともに甲斐国《かいのくに》に下向した板額が実際に子をなしたかどうかまでは、ここでは明らかではありませんが、一旦は将軍から申し出を拒否されるも、男児をもうけて武家を助けるためとの主張により許されるという展開は、『盛衰記』と同様です。そもそも城氏と義仲にも因縁があり、『平家』巻六「嗄声《しわがれごえ》」・「横田河原合戦」には、木曾義仲の討伐を命じられながらその直前に怪死してしまう城資長という人物が登場し、その後を継いだ弟資職が横田河原で義仲軍に敗走する姿が描かれていました。こうした関係に加え、板額と巴の女武者としての同一性が『盛衰記』のような後日談を生んだのでしょう。

巴への関心によって生まれたこの後日談は、後世多くの作品に利用されました。例えば、和田合戦を扱う浄瑠璃『三浦物語（和田軍）』（刊年不明、三・四段目のみの残欠本）や、その続編で朝比奈義秀の弟安若なども登場する『大力女』（寛文二〈一六六二〉年）などがあります。また、『盛衰記』における巴造型に影響を与えた板額御前の物語も関心を得ました。元禄頃刊行の浄瑠璃『江嶋姫生捕妻《えしまがひめいけどりのつま》』では、義遠が妻とするのが板額御前ではなく、その娘江嶋姫になっていますが、その江嶋姫が母板額とともにその大力を発揮して活躍します。またその類作『相撲《すまい》の祝言《しゅうげん》』（寛文末～延宝初年か）は、奈良絵本や絵巻の形でも同様の話が流布しましたが、『吾妻鏡』の史実から離れ、畠山重保が相撲に勝利し、板額の娘江嶋姫を貰いうける物語です。

「大力」の継承者として、巴・板額それぞれに、子息義秀・子女江嶋姫の物語が展開する点も興味深いものですが、本稿では、もう少し『平家』に重なる場面を持つ作品を中心に、『平家』以降の巴の物語の変化を見てみたいと思います。

謡曲の巴

『平家』に描かれた巴の物語は、後代、様々な形の物語に派生していきます。そうした後代作品では、巴と義仲との関係が変化するとともに、それに付随して、義仲との別れの場面、特に義仲の「汝は女なれば……」という言葉の使われ方にも変化が生じました。

例えば、謡曲「巴」（『能本作者註文』では作者未詳、『自家伝抄』では世阿弥作、『二百拾番謡目録』では観世信光作）では、『平家』においては義仲の「最後の供」であった今井兼平の姿はなくなり、逆に『平家』では「最後の供」たり得なかった巴に、義仲の最後に寄り添う役割が与えられる形になっています。例えば、『平家』では、兼平が義仲に自害をすすめますが、本曲では、その役割も巴が担い、重傷を負った義仲に「この松が根に御《おん》供し、早《は》や御《おん》自害候へ、巴も共」と伝えます。

ただ、本曲においても巴は、義仲から「汝は女なり。忍《しの》ぶ便《たよ》りもあるべし。これなる守り小袖を、木曽に届けよ。この旨を背かば、主従三世の契り絶え果て、長く不孝」との言葉をかけられます。『平家』に見られた、巴に戦場を離脱させ、弔いを求める言葉の変奏です。しかし、巴に「女」であることを突きつける点は同じですが、本曲での義仲は、『平家』諸本のように最後に女性を供とすることの「恥」に言及しているわけではありません。『平家』には見られなかった「女なれば」の内実が具体化された、「忍ぶ便りもあるべし（生きていく道もあるだろう）」という言葉があり、そこに単なる主従である以上の、巴の将来を憂う義仲の心情を読み取ることができるように変わっています。

一方、巴の心情はどうでしょうか。後《のち》シテとして現れた巴が「なかなかに巴といつし女武者、女とてご最期に召し具《ぐ》せざりしその恨み、執心残つて」と語り、地謡《じうたい》が「粟津の汀《みぎわ》にて、波の討ち死に末までも御供申すべかりしを、女とて御最期《ご》に、捨てられ参らせし恨めしや」と謡《うた》うように、巴は、「女」であるが故に最期を共にできなかった、すなわち「武者」として最期を共に出来なかった悲しみを背負って亡霊となって現れていることがわかります。その一方で、奮戦した巴が義仲の元に戻るも、義仲の自害には間に合わず、「最期の供」が実現しなかった時、巴は「死骸に御暇申《おんいとま》しつつ、行けども悲しや行きやらぬ、君の名残《なごり》をいかにせん、とは思へども、くれぐれの御遺言の悲しさに」と、命じられた通り小袖を取って落ちていきます。こうした義仲への「名残」を思う巴の描写には、「武者」としてだけではなく、女性としての義仲への思いという面も大きくなっているといえるでしょう。

浄瑠璃の巴

謡曲「巴」にも長刀を振るう巴の所作があり（図2）、それが巴と長刀《なぎなた》の結びつきの始発なのですが、浄瑠璃でも、女武者という特異性と鬼神のごとき大力への注目から、多くの作品が作られました。その中には、やはり粟津合戦での義仲と巴の最後の別れを描くものがあります。

寛文三、四（一六六三、四）年頃刊行の古浄瑠璃『ともへ』は、金平《きんぴら》浄瑠璃成立史上重要な作品で、義仲の信濃での挙兵から粟津での敗北までを描く物語です。この作品では、巴がその武勇ではなく、美しさゆえに義仲の側に置かれたことが明言されている点、注目されます（敵方にも「木曾が思ひし巴なり」と認識されています）。

　ここにまた、今井の四郎兼平が妹に、巴といへる美女有り。かれは戸隠《とがくし》大明神の申し子にて、力は万人にすぐれ、天竺《てんじく》のもうはく女《にょ》をもあざむく程の大力なり。されば其の様妙《たえ》なるにより、義仲深く思ひ給ひ、平生側《そば》を離れず。

こうした設定により、巴が女性であることが戦場においても強く意識されることになります。実際、この作品には出陣しようとする巴に対して義仲が、「女の身として向《む》かはんとは、無礼なり、と奥に入《い》らせ給ひける」と、女として出陣することが「無礼」であるとして、その出陣を控えさせようとする場面もあります。また、倶利伽羅峠《くりからとうげ》の戦いでも、先陣を争う兄の今井兼平が巴に、「汝は妹」「女の分として推参なり」と声をかけています。

本作での巴は、女性であるがゆえに、幾度も「武者」としての自己を否定されるのです。そして、そうした描写が粟津合戦での義仲との別れの場面につながっていきます。敗北を悟った義仲は、巴に次の言葉をかけます。

　義仲程なる弓取が、すでに最後に及ぶ迄《まで》、女引きつれたりと、末代迄のあざけりにかからん事、生きての面目、死しての恥辱、敵《かたき》もきうに近づくに、はやとくとく

図2　能「巴」より長刀を振るう巴の所作
撮影：吉越 研

ここでの義仲は、武士としての「面目」「恥辱」を口にし、『平家』諸本よりもさらに強く自己の体面を意識した発言をしています。巴は『平家』同様に、泣く泣く、その主命に従って去るのですが、「この上は力およばす、御意にしたがい参らせん、これ今生の御名残と、涙の別れぞあはれなり」と

その名残惜しさを口にします。百二十句本『平家』などでも巴は涙していましたが、それは最後の奮戦をした後でした。義仲の言葉にすぐ涙していたわけではありません。こうした点にも巴像の変化が見えます。

巴は、近づいてきた内田三郎を討ち取ると（この場面は『盛衰記』から引き継がれたものです）、「続く者どもはらはらと切り伏せ、信濃をさして落ち行きける」と、敵兵を切り伏せながら、物の具を脱ぐ描写もなく、そのまま信濃へ落ちていきます。展開は『平家』諸本をなぞったものですが、『平家』が描く、武士として主命を重んじるが故に、武装を解いて戦場を去ることになるという悲劇とは、やや異なっていることがわかります。そして、巴は義仲に対する「今生の名残」を口にしており、〝愛する〟義仲の最期に、その側にいられないという悲劇の印象が強く残る描かれ方になっています。

この『ともへ』は、明暦三（一六五七）年以前の版行と思われ、義仲が入京するまでを描く古浄瑠璃『きそ物がたり』と同源の作品を元《もと》とするものですが、同じ出来事を描く場合でも『きそ物がたり』よりも巴の活躍場面が増えています。その意味では、巴の「大力」により注目した作品ではあります。その一方で、巴が「女性」であるが故に戦場から排除されていく姿が繰り返され、また、巴は義仲の「思ひ人」に位置づけられて、粟津合戦においても、「思ひ人」として義仲の最後に寄り添えない悲しみにより傾斜しています。

浄瑠璃『信濃源氏木曾物語』では、謡曲「巴」と同じく、よく知られた義仲・今井兼平主従の別れが、義仲・巴の別れの場面に組み合わされ、巴の物語として展開します。例えば、謡曲「巴」同様、義仲に自害をすすめる役もやはり巴になっています。ただ、『平家』の兼平や、謡曲「巴」の巴とは異なり、巴は「駒の手綱にとりつきて暫し消え入り泣くばかり」といった様子であったと描かれます。また、そうして自害をすすめる巴に対して、義仲は次のように述べます。

多くの敵《かたき》を逃れしも汝が命助けたき所存有りつる故《ゆえ》ぞかし。何とぞ一方打ち破らん。いづくへなりとも落ちてゆけ。契り朽ちずは後の世は必ず巡り会ふべきぞ。あと弔ひて得させよ。

義仲は、巴の命を助けたいという思いを述べたうえで、後《あと》の弔いを頼み、巴の悲しむ様子に対して、後世で再び巡り会うという希望にも触れています。

それに対し、巴はなおも自害をすすめ、「口惜《くちお》しき御諚《ごじょう》かな、さすがに名有る大将の人手にかかり給はんこと、末代の御恥辱、ただ御自害候べし。妾《わらわ》もやがて参らんに、何とぞ落ちよと宣《のたま》ふぞ。さりとはつらき御一言、忘れはやらじ」と、義仲を「声をあげ恨み」、「涙ぞせきあへね」といった様子となります。義仲の武士としての体面を重んじて自害をすすめる一方で、その死を悲しんで涙し、また義仲に落ちろと言われて涙する巴には、他作品よりもよりいっそう、義仲を慕う心情が表れているといえるでしょう。

それに対し義仲は「大きに怒つて」次のように説き伏せます。

嘆くは理《ことわり》なりつれど、最期の際まで女をつれ、尾籠の振る舞ひ有りつるはと嘲《あざ》けられんも恥づかしし。今にも敵《かたき》追つかけなば何を思ふと甲斐あらじ。急いで落ちよ、はや落ちよ。まこと落ちずは勘当ぞ。構ひて我を怨むな。

ここに、本作でも、最後に巴を供とすることを拒否する、義仲の定番の言葉が現れます。しかし、先に「汝が命助けたき所存」と述べていたことから見て、これは巴を落ち延びさせるための方便と見ることができるでしょう。同趣旨の言葉ではあっても、『平家』にあった「女武者」としての悲哀を巴に突きつけるような言葉とは異質です。

その後、巴を去らせた義仲は自害しようとしますが、「さるにても巴の前行方いかにと遠方《おちかた》のあとを見返り、涙ながら鞍の前輪に俯《うつぶ》し前後不覚」になり、そこに現れた敵勢に驚いた義仲は、内兜《うちかぶと》を射られてしまいます。さらに、それを見た巴が取って返して戦うも生け捕られてしまうという展開をたどります。『平家』での義仲は、今井兼平の行方を気にして振り返り、それが原因で内兜を射られるのですが、その物語が巧みに義仲と巴の物語となり、義仲の巴への愛情が強調されています。「武者」であることと「女性」であることが対立するような物語としてではなく、最後に義仲に寄り添いたい巴の思いと、巴の身を案じて戦場を去らせたい義仲の思いとが交錯する物語として描かれています。

このように、巴に関心が集まることは、義仲と巴の関係に注目が集まることに等しく、その関係の変化に応じ、『平家』以来の義仲の言葉の意味や位置づけが変化してきたことがわかります。巴は義仲の最期に際し、「武者」として共に戦いたいのか、はたまた「女性」として愛するものに寄り添いたいのか。義仲が巴を戦場から去らせるのは、己の体面のためか、あるいは巴への愛情ゆえか。そうした義仲と巴それぞれのどの思いを押し出し、またそれをどう組み合わせるのか。その違いによって悲劇の形が変わり、様々な物語が作られていったといえるでしょう。

巴の物語のさまざま

さらに後代に目を向けて、巴の物語を見てみたいと思います。現代の多くの作品では巴は義仲の妻あるいは恋人として扱われることが定着し、互いの愛情が強調されるものが増える一方、巴を戦場から去らせる理由については多様化していきます。最後の時に巴を供とすることを、『平家』同様「恥」として扱うものには、例えば橋本治『双調《そうじょう》平家物語』（中公文庫、二〇一〇年。初出二〇〇七年）がありますが、それでも「最後の戦に女を連れ、これを討死させた」恥とされ、『平家』と全く同じというわけではありません。

近現代の歴史小説のうち、巴を扱う早いものとしては、巴が義仲以外（武蔵坊弁慶です）へ愛情を向ける富田常雄『巴御前』（大日本雄弁会講談社、一九五四年）もありますが、やはり『平家』の世界を扱う最も有名なものは、一九七二年のNHK大河ドラマの原作にもなった吉川英治『新・平家物語』（新潮文庫、二〇一四年。初出一九五七年）でしょう。

この作品での巴は、粟津合戦の前に、作戦上の理由から淀方面へ向かうことを命じられ、「さらばです、わが殿」と身支度を整えて出立しています。したがって、粟津で戦場を去る場面はありません。むしろ、淀から「散々《ちりぢり》に果てんは口惜し。せめて、わが殿と死所は一つに」と義仲の死地に駆けつけます。しかし、その思いは、延慶本『平家』での巴のような、武士としての最後の供を願っての行動ではありません。「鎧具足《よろいぐそく》でつつんでも、男まさりの返り血に染められても、女は女以外なものではない」「ただかの女の女ごころが馳けずにいられないで馳けていた」とあり、その行動は、あくまでも義仲を慕う気持ちに突き動かされたものであるとわかります。義仲も粟津でその巴の姿に気がつきます。そして、自分の名を呼ぶ巴の声を空耳し、振り向いて、巴の幻（巴の魂として描かれます）を見ますが、そのために内兜を射られ、討たれてしまいます。義仲は最後に巴を求めながら死んで行くのです。

吉川英治は『随筆新平家』（講談社吉川英治歴史時代文庫、一九九〇年。初出一九五八年）で「ぼくはぼくの脳裡《のうり》にあるままの巴を書いた。ただ度外できない条件として、あの時代の女性の位置と、義仲の子を産んでいる母性という事実だけが、厳としてあった」、「巴の行く道は、自然ああ書くしかなくなってしまったのである」と述べています。吉川は「蛮婦」として巴を書くことを避け、あくまで女性として描こうとしました。それが右に見たような義仲と巴の深い結びつきを描いた理由でしょう。

さらに、そうした巴の描き方の一端として、巴を義仲の妻とするだけでなく、義仲の長子義高の母としています。これはもちろん史実ではありませんが、後代の作品にも引き継がれました（例えば後述の『君の名残を』など）。『盛衰記』の「朝比奈義秀の母」としての後日談が浄瑠璃『ひらがな盛衰記』などの物語に引き継がれたように、吉川英治の生んだ、新たな「義高の母」としての巴像も拡大していったのです。

松本利昭『巴御前』（光文社時代小説文庫、一九九〇年）では、義仲から一人落ち延びよと言われた巴は「死なば諸共とばかり思って、露ほども疑わずに参りましたる妾を、今になって去れとは！」と抵抗します。そして同時に、義仲と兼平（やはり巴の兄に設定されます）との男同士の友情を羨み、「人間、死ぬ前に一番傍にいて欲しいのは恋しい相手の筈と思っていたが、男と女の愛よりももっと強い絆があるのを目のあたりに見た思い」をも抱《いだ》きます。ここに男女の違いが主題化しています。ただし、この作品には、巴は生気を吸って何百歳もの長命を得ているという設定があり、その設定ゆえに、義仲は「寿命いっぱい生きて、われらが出来なかった新しい国づくりの芽を、なんとしてもこの国に植えつけてもらいたいと思えばこそじゃ」と巴を説得し、さらに地獄で頼朝を呪うことを宣言し、「長生きを致して、儂《わし》の呪いを見届けよ」と語り、巴を戦場から去らせます。巴は男女の違い（兼平との差違）を感じてはいますが、義仲にはそれを語らせず、戦場を去らせる理由にもしていません。また、単に愛する者に生きて欲しいというだけでもなく、巴に未来を見届ける役目を期待する言葉を発しています。

こうした未来の目撃者たることを期待して戦場を去らせるものでは、吉川永青《ながはる》『義仲これにあり』（講談社、二〇一三年）も同様です。同作では義仲は、「女子には女子の戦いがあるはずだ。俺の盾となり、死して地獄に落ちる覚悟があると申すなら、生き地獄の中で俺の誇りを守ってはくれぬか。生涯、語り継いでくれ。木曾次郎源義仲は己が信念のために戦い抜いたのだと」と語り、男女の違いを前提にしつつ、決してそれだけを巴に戦場を去らせる理由とはしない物語になっています。単なる弔いだけではない巴の役割にも『盛衰記』との違いがあります。

現代の高校生白石友恵が平安末期に時間移動し、「巴」となって『平家』の時間軸を生きる、浅倉卓弥『君の名残を』（宝島社文庫〈新装版〉、二〇一二年。初出二〇〇四年）では、義仲は粟津合戦の前夜に、万が一自分が討ち死にした場合のこととして、「お前はこのような戦で命を落としてはならぬ。何があっても、仮に俺が討たれたとしても生き延びよ」と述べ、さらに「我が遺髪《いはつ》を、どうにかして桔梗の——母の下《もと》へ届けて欲しい」と頼みます。それに対し巴は義仲を死なせないこと、義仲とともに木曽に帰る事を決意します。結局、義仲は討ち死にし、巴は桔梗（作中の義仲の母）に遺髪と手紙とを送ると、平泉に行き、夫の仇である義経を自ら討ち果たします。

この作品では、巴は、義仲との間に義高を設けた母としても描かれ、夫義仲と力を合わせ、時に現代的な感性で義仲を導き、難局を乗り越えていきます。最後の別れの場面においても、「武者」であることと「女性」であることが対比的に浮上するようなことはあまりありません。むしろ、義仲の「妻」、義高の「母」としての描写が多く、二〇〇〇年代の作品として、妻としても母としても意志的に行動する女性像が強い印象を残します。

マンガ作品の巴御前

マンガ作品に目を転じると、『平家物語』の時代を舞台とする手塚治虫『火の鳥　乱世編』（朝日ソノラマ、一九七八年）に、巴は義仲の子を宿した妻として登場します。粟津合戦の出陣前夜に、義仲は「おまえは女だし大事なからだだ　国へ帰って無事にくらせ」と伝え、「……最後まで義仲は女をつれていたと指さされたくねえんだ」と言います。また、義仲は一族討ち死にの覚悟とともに「おまえは生き残るんだおまえの腹のこどもといっしょにな」との希望を伝えて説得します。一族の存続を巴に託すことが義仲の真意であったということでしょう。それに対し、巴は「巴も男に生まれとうございました　そしたら悲しいお別れなどせずにいさぎよく戦えましたろうに」と女であることの悲しみを口にします。

巴を生かすための方便として、女であることを理由に最後の供を拒否する展開は他にも例のあるものですが、本作の義仲は、生きながらえることができたら木曾へ引き上げようという巴の言葉に同意し、粟津合戦で巴と二騎で生き残り、北陸へ向かおうとします。しかし、その途中、火焔鳥（火の鳥）の話を聞きつけた義仲は一騎のみで引き返し、その結果、深田で討たれてしまいます。そこに遅れて駆けつけた巴に義仲は「おれの子を……」と未来を託します。巴は義仲を失いますが、その最後に寄り添うことを果たしています（図3）。

こうした義仲が自身の子を宿した巴を生き延びさせようとする物語は、かわぐちかいじの歴史漫画『ジパング深蒼海流』（講談社、二〇一七年）にも見られます。義仲は巴に「そなたは生きてこれよりは母としてこの世と戦うのじゃ」と伝え、巴はその義仲の血を受け継ぐ命を守るべく戦います。『盛衰記』のような和田義盛の妻としてではなく、義仲の妻として、そして義仲の子を産む母としての巴が定着し、その子のために義仲が巴を戦場から去らせようとする物語が増えていることがわかります。

一方で、女性を読者に想定したものでは、男女の違いを正面から取り上げる作品もあります。そして、それらの作品では、巴がはじめから女武者として登場するのではなく、なぜ女武者という生き方を選んだのかを描こうとする点にも共通点があります。

のがみけい『虹のごとく』（秋田書店、一九八三年）の巴は「いやだ巴は女になんかならない　男として義仲さまにおつかえする」と願いますが、女性として義仲を慕う気持ちを覚えて葛藤し、「わずらわしい　なぜ男に生まれなかったのだろう　はじめから男にうまれていれば」と悩みます。最後の別れの場面では、義仲は「巴まで死なせたとあっては中原の父上母上に申しわけがたたぬ」と、木曽へ帰ることを命じます。さらに、巴の抵抗に対し、「そなたは女だ　木曽義仲最後の戦に女をつれていたと言われたら　末代までの恥となろう」「木曽でわれらの分まで生き

図3　手塚治虫『火の鳥　乱世編』より

よ」と続けます。その言葉を受けた巴は「せめて巴の最後の働きを」と義仲の元を離れます。

義仲が巴の未来を思いやり、方便を口にするのはよくある形で、『平家』の展開をなぞるものですが、この作品では、他に、病弱で死に際に「巴のようになりたかった　巴のように強くなって……いつもお側に…」と吐露する梓（義高の母に設定されています）や「山吹も義仲さまの想いもの　巴さまには負けませぬ」と敵を深追いして討ち死にしてしまう山吹といった義仲をめぐるライバル的な女性たちを配し、兼平の義仲に対するBL的な感情までもを匂わせながら、彼らとの対比のなかで、最後の場面に至るまでの巴の葛藤を描き出そうと試みています。

矢代まさこ『巴御前』（世界文化社、一九八五年）では、巴の兄兼平が義仲に「死ぬときは一緒との誓い今こそ果たす！」と語る場面が描かれる一方で、義仲は巴に「巴は去れ」「大の男がいつまでも女づれで戦しているとあってはあとの風評が悪かろう」と言い、男兼平と女巴とが明確に対比されます。それに対して巴は、「それなら巴は女をやめます　男になります　鬼神に化けます」と抵抗を見せます。義仲は「巴は生きよ　生きてオレになれ」と言い、納得しない巴にさらに「想う女《もの》を討ち死にさせたいか？」と問いかけます。その言葉に巴は最後の合戦に向かいます。やはり義仲の巴に対する想いを押し出す定番の形をとりつつ、男女の違いにもフォーカスしようとしています。

かやまゆみ『時をかけた少女たち　平安〜鎌倉編』（講談社漫画文庫、二〇〇四年。初出一九九九年）の一編「1184年の女武者―巴御前と義仲―」の巴は、「男のコにしか見えないなら〝男〟になればいいんだ　そしたら戦場にもついていける　〝武士〟としてお側にいられる　〝男〟ならいっしょに生きていける」と願い、その後、義仲との間に子を設けても、「わたしは母になるわけには　義仲様の妻になるわけにはいかないのだ　武士として男として生きねば　義仲さまのお側にいられないのだから」とその子（義高）を手放したと描かれています。

最後の場面では、「おまえだけでも生きのびろ　女ならば殺されはしない」との義仲の発言に巴は「わ…わたしは女ではありません　あなたの家臣です」などと反論するが、義仲は「妻となることも母となることもあきらめさせおれの夢につきあわせてしまった」「今まですまなかった…ありがとう」と応じます。これは自身の夢が破れたことを悟り、巴の今後の人生を考えての発言です。義仲はさらに、「兜を脱ぎ鎧を捨てよ巴」と厳しく離脱を命令しますが、兜を脱いで髪を解いた巴の姿に「いつのまにかこんなにも美しくなっていたのだな」と感じ、「ずっと…お前を愛してた」と伝えます。そして、巴はその言葉を胸に女として生きていく決断をします。つまり、義仲と離れ、武装を解くという『平家』以来のモチーフを使いつつ、そこに義仲が巴の女性としての魅力を再確認する役割を持たせています。そして、巴も義仲の思いを確認したことで一人生きていくことを決めるのです。

このように、男女の違いにフォーカスした作品でも、基本的に巴が義仲の愛を胸に生きる形の結末が多いのですが、新しい形を見せたものでは、藤田和日郎《かずひろ》『うしおととら外伝』（小学館、一九九七年）の一編「雷の舞」が注目されます。作中、敗色を悟った義仲は「おまえは何処へなりとも落ちのびるがよい」と巴に伝え、「源義仲が最期の時まで…女に後ろを護らせておったなど、世のいいもの笑いになるのがわからぬか!!」と言います。ここまでは『平家』の筋に沿っています。しかし、本作の義仲は、入京してから乱暴者と嘲られたことに触れ、さらに巴についても「やれ、きれいなのに不粋な武者振り、白拍子の舞でも舞えばよかろうなどの陰口。さぞや口惜しかったであろう…もう…わしは…笑われるのはたくさんなのじゃ」との心情を吐露します。それに対し巴は、一三年前に妖怪《とら》に出会い、「待つ」「祈る」ではなく、「武者」として義仲に「ついてゆく」気持ちを固めたことを語ります。それを聞いた義仲は、「巴は舞など舞わぬでよい」「その巴が一番美しい」と、巴が武者として振る舞うことを肯定します。巴は鎧装束（巴の物語の中では長髪を隠した甲冑姿である点は珍しい描かれ方です）を解くと、髪をほどき、「巴という女！　木曽殿に御目にかける最期の巴の戦の相手をせよや！」と、名乗りつつ義仲と離れ、満ち足りたように敵勢へ向かいます。巴の中で「女性」であることと「武者」であることが対立していましたが、巴はとらの言葉で決意を固め、また義仲にその生き方を肯定されることで、はじめて「女武者」になるわけです。鎧装束を脱ぐ場面が、「武者」から「女性」への移行ではなく、「女武者」となる象徴として描かれています（図4）。

より最近のものでは、スマホゲーム『Fate/Grand Order』の1.5部「亜種特異点Ⅲ　英霊剣豪七番勝負」にサーヴァント「アーチャー・インフェルノ」の真名として、巴御前が登場し、そのコミカライズ作品『Fate/Grand Order ―Epic of Remnant― 亜種特異点Ⅲ／亜種並行世界

図4　藤田和日郎『うしおととら外伝』「雷の舞」（小学館）

屍山血河舞台　下総国　英霊剣豪七番勝負』（TYPE-MOON〈原著〉、渡れい〈画〉、講談社、二〇二〇年）において、そのストーリーが描かれます。そこでもやはり、義仲は「行け！できるだけ遠くへ…！おまえならばどこへでも逃げ切れよう」と離脱を求め、「最後に女を連れていたなどと言われては格好がつかんではないか」と言います。しかし、続く「俺は討ち死ぬ覚悟なのだ」「お前にそんなことさせたくはない」という言葉を見れば、愛ゆえの言葉とわかります。

その後、「義秀を生んだ後晩年は尼として91まで生きた」と『盛衰記』の物語がなぞられますが、「愛する義仲の最期を見届けることはできなかった」ことが、「恨みも憎しみも置いて」「穏やかに最期を迎えたはず」の巴を、英霊として「燃え上がらせて狂い果て」させたことが明かされます。最期を共にできなかったことで亡霊となる謡曲「巴」と重なりますが、一見、穏やかな余生を過ごしてなお、愛する義仲の最期に寄り添えなかった恨み、悲しみが消えないとする本作は、一人の女性としての巴が、実際にはどのような思いを抱えてその後を生きていったのかを想像させるものになっています。『盛衰記』の後日談を採用しつつ、『盛衰記』が一切描かなかった巴の心情に触れる点に特徴があります。

大河ドラマの巴

最後に大河ドラマに触れておきましょう。巴御前は一九七二年放送『新・平家物語』、二〇〇五年放送『義経』（配役：小池栄子）、そして、二〇二二年放送『鎌倉殿の13人』（配役：秋元才加）に出てきます。ただ『新・平家物語』は先に触れた吉川英治の小説を原作とし、総集編でしか、その映像を見られませんので、後者二つを取り上げたいと思います。

二〇〇五年放送『義経』の原作、宮尾登美子『宮尾本平家物語』（朝日新聞社、二〇〇一年）では、巴は早くから義仲と契った仲であったが、子を生《な》せなかったため、正妻になれず、義仲と正妻甲《きのえ》の子である義高を母親がわりに養育していると描かれています。大河ドラマには甲は登場しませんが、同様の設定があり、その設定が粟津合戦の別れの場面で活かされます。義仲に「巴そなたは落ちのびよ。わしは近江で兼平とともに戦うてみせる」と命じられた巴は「われが女武者になって軍場にあるは片時もはなれず義仲様のお側にいたいからではないか。義仲様の妻にもなれず子もなせぬ我ではあったが、義仲様には現世は無論、あの世までお供をする覚悟がこの出で立ちぞ」と語ります。

ここで巴が妻や母とは違う形で義仲の側にあろうとしたことがわかります。しかし、巴は、義仲から「母親がわりに養育している義高の行く末は誰が見るのか」と厳しく迫られます。巴は結局、義高の後見（＝母親代わり）としての役割のために去らねばならなくなるのです。

このように、本作では、「武者」としての義仲に寄り添う生き方と「妻」「母」としての生き方とが対比させられますが、それを男性と女性の対比とはせず、巴と甲という二人の女性の生き方や巴自身の葛藤として描いています。

さらに、義仲の死の後の巴も描かれます。頼朝に追われ平泉を目指す義経主従が、加賀国で民に宿を借りた際、その妻となっていた巴と再会するのです。巴は一人の女子の母になっていました。巴は義経に「こののちはこの子が生きる支えとなりましょう」と憎しみや悲しみではなく、家族が支えとなっていることを伝えます。義仲に対してはそうあれなかった巴が、「妻」として、子の「母」として夫の側にいる姿が印象的です。

本作ではしばしば家族がテーマとなりますが、巴もそのテーマに合わせた描かれ方がなされるとともに、長編ドラマの特性を生かして、主人公義経の人生と交差するように、その人生が構成されていました。

二〇二二年『鎌倉殿の13人』では、巴は義仲とともに戦う武者として登場し、その後、和田義盛に捕らえられて鎌倉で和田義盛とともに暮らし、和田合戦で義盛が討たれるまでが描かれます。もちろんこれは『盛衰記』の描いた後日談を採用したものですが、ほぼ同じ時代を扱った一九七九年放送『草燃える』では、木曽義仲・和田義盛は登場するものの、巴についてはは配役がないのに対し、本作では脇役ではありますが、しっかりとその人生が描かれています。

巴自身の物語が大きく取り上げられるのは、やはり義仲と巴の別れの場面です。追討軍との合戦に敗れた義仲は、巴にここで落ち延びろといい、「わざと捕らえられて鎌倉へ行け。女は殺されることはない」と言います。妻子に言づてを頼んだ『盛衰記』のバリエーションといえますが、ここでは女性であることが、「戦場にいられない」理由としてではなく、「生きて鎌倉に行くことができる」理由として機能しています。義仲に別れを告げられた巴は、その義仲の意を受け、わざと鎌倉方に捕らえられます（その時には、「木曾義仲一の家人巴なり」と名乗ります）。巴を捕らえたのは和田義盛でした。そして、もともと妻を求めていたという義盛に気に入られ、その身近に置かれることになります。『盛衰記』の後日談が、『盛衰記』とは異なる過程を経ながら実現したことになります。

その後、和田合戦が描かれ、和田義盛が討たれます。義盛は出陣に際して、「もしオレに何かあったときはお前は鎌倉を離れろ」「生き延びるんだ　あのときのように生き延びろ」と告げます。義仲の言葉の解釈の一つのバリエーションとして巴の生存を願う型があるのは本稿で見てきた通りですが、本作ではそれに類似したセリフを義盛に言わせるのです。巴を扱う諸作品において、近年ではあまり取り上げられることのない和田義盛との後日談を、有名な『平家』の義仲の言葉を援用しつつ描きだしています。

義盛の死の報に接した、巴は再び武装し、女武者となって、「我こそは忠臣和田義盛の妻巴なるぞ」と名乗って敵を追い払うと絶叫とともに去ります。義仲との別れにおいては「木曾義仲一の家人巴なり」と言っていたことと対照的です。「あのとき」の義仲との関係を前提とし、その後の巴の生き方、とりわけその変化を説得力を持って描いた点に、本作の巴の新しい魅力があります。

変奏を続ける物語

ここまで『平家』の巴の物語を基準に、多くの作品を見てきました。本稿で取りあげた多くの作品が、『平家』の「木曽殿の最後のいくさに、女を具せられたりけりなんど言はれん事もしかるべからず」(覚一本)という義仲の言葉を、作品の主題とどう関わらせ、どう物語の中に位置づけるか、その変奏を中心として物語が紡《つむ》がれていました。その変奏の前提として、義仲と巴の関係が読み替えられ、『平家』の触れない前日談も含めて、巴がなぜ武装して義仲に仕えているのか、その理由を具体的に描こうとするものも増えていきました。また、巴への関心はおのずと粟津合戦後の巴へも向かいました。そもそも『盛衰記』の持ち込んだ巴の後日談は、まさにそれを描いたものでしたが、現代ではさらにその後日談にも様々な解釈が加えられ、巴の心情にフォーカスするようになっていました。そして、現代に近付くにつれて、「共に死ねなかった」悲しみが強調されるのではなく、「たとえ一人でも生きていく」ことが肯定的に価値付けられていくものも増えていく傾向がありました。義仲の物語の一脇役としてではなく、一人の人間としての巴の物語が展開されるようになっていったということでしょう。

他にも、近世期の御伽草子や仮名草子、読本、演劇作品（謡曲、浄瑠璃、歌舞伎）、明治期の歴史小説や歴史評論および烈婦や貞女としての巴像、近年の舞台・映像作品など、まだまだ触れるべきものはたくさんあるでしょう。また、装束描写の変化などにも注目すべき点はあるでしょう。しかし、紙幅も尽きました。これからもさらに多くの巴の物語が生まれるでしょう。あらたな作品で、義仲と巴の関係はどう変わり、「女」であること、「武者」であること、そして「女武者」であること、また「恋人」・「妻」・「妾」であること、「母」であることなどは、どう描かれていくのでしょうか。そして、そのとき、義仲の言葉はどう解釈され、巴にどう受け取らせていくのでしょうか。新たな巴と義仲の物語を待ちたいと思います。

〔付記〕本研究はＪＳＰＳ科研費基盤研究©JP22K00311「『源平盛衰記』の注釈学的新研究」（研究代表者：志立正知（秋田大学））の助成を受けたものです。

第五章
歌舞伎、異性装、そして「なりたい」女たち

日置貴之

歌舞伎のなかの異性装

歌舞伎という演劇のイメージを形作る重要な要素の一つに、女形の存在があることは間違いないでしょう。歌舞伎座や国立劇場で、伝統的な演出によって演じられる歌舞伎には、原則として男性しか出演することができません。一九七〇年に始まり、現在の歌舞伎を支える脇役の多くを輩出している国立劇場（独立行政法人日本芸術文化振興会）の歌舞伎俳優研修の募集要項を見ると、応募資格として、「中学校卒業（卒業見込みを含む）以上の男子で、原則として年齢二十三歳以下の者」と記されています（日本芸術文化振興会サイト上で公開されている第二十八期研修生募集要項による）。幹部俳優の娘などが子役として出演する例はありますが、一定の年齢になると歌舞伎の舞台からは離れるのが普通です。

出演するのが男性のみである以上、劇中に登場する女性の役は、当然女形によって演じられるのであり、現在の歌舞伎は異性装を前提とした演劇であると言えます。一方、劇中に登場する人物が異性装を行なっているという設定も、歌舞伎ではしばしば見ることができます。

たとえば、『三人吉三《さんにんきちさ》廓初買《くるわのはつがい》』（安政七年〈一八六〇〉初演、今日では『三人吉三巴白浪《ともえのしらなみ》』の題で上演）のお嬢吉三、『青砥稿花紅彩画《あおとぞうしはなのにしきえ》』（文久二年〈一八六二〉初演、今日では『弁天娘《べんてんむすめ》女男白浪《めおのしらなみ》』などの題でも上演）の弁天小僧菊之助などは、振袖の娘姿で舞台に登場しますが（図1）、のちに盗みや騙《かた》りなどの悪事のために女装をしている男性であることが明らかになります。夜道で出会った遊女の懐の大金に手をかけたお嬢吉三が、途端に凄みのある低い声を出し、金を奪って遊女を川に突き落としてしまう場面や、正体を見破られた弁天小僧が、振袖の片肌を脱いで肩の彫物を見せつける場面に興奮して見入った方もいるかもしれません。この二つの芝居の作者である河竹黙阿弥は、『都鳥廓白浪《みやこどりながれのしらなみ》』（嘉永七年〈一八五四〉初演）にも、盗み取られた家の重宝を探し出すために盗賊天狗小僧霧太郎となり、さらに女装して傾城花子となっている吉田松若という人物を登場させています。

　これらは今日の歌舞伎の舞台で目にすることができる、異性装の人物が活躍する作品の代表的なものですが、その源流には、黙阿弥よりも四、五十年ほど前の

図1 歌川芳幾『青砥稿花紅彩画』十三代目市村羽左衛門（五代目尾上菊五郎）の娘おなみ実ハ弁天小僧菊之助、文久2年（1862）3月
（早稲田大学演劇博物館蔵）

四代目鶴屋南北の作品があったことは、光延真哉氏が詳しく指摘しています（「歌舞伎の異性装　南北・黙阿弥の作品を中心に」）。以下の記述は光延氏の論文を参照しています）。南北の『三賀荘《さんがのしょう》曾我《そがの》嶋台《しまだい》』（文政四年〈一八二一〉初演）と『御国入《おくにいり》曾我《そが》中村《なかむら》』（文政八年〈一八二五〉初演）では、それぞれ笹野権三と白井権八という三代目尾上菊五郎が演じた二つの役が、劇中で女装を行います。権三は、着物が汚れてしまったためにたまたまそこにあった振袖を着用したところ、女性と勘違いされたことを利用して遊里に身を売り、紛失している短刀を取り戻すために必要な金を手に入れようとします。一方の権八は、鈴ヶ森の刑場で処刑されそうになるのを女装することで逃れ、のちに権三同様にたまたま女性と勘違いされたのを利用して身売りを行います（南北は三代目菊五郎のために自らが書いた趣向を再利用したのです）。

これらの例を見ると、歌舞伎で男性登場人物が女装を行う主な理由は、①盗みや騙りといった悪事を行うため（お嬢吉三、弁天小僧など）、あるいは、②遊女として廓に入り込み、金を得たり、宝物の詮議を行うため（笹野権三、吉田松若など）に大別できそうです。

ところで、『三賀荘曾我嶋台』の権三は小雛と名乗って深川の遊里に入るのですが、「男嫌い」を理由に客を取らないために、折檻を受けそうになりますが、稲野屋半兵衛という客に助けられます。「小雛（あるいは小稲）半兵衛」は、宝永年間（一七〇四～一一）頃に心中を行なったとされる男女で、多くの浄瑠璃や歌舞伎に描かれてきました。そして、笹野権三という人物も、近松門左衛門の浄瑠璃『鑓《やり》の権《ごん》三《ざ》重帷子《かさねかたびら》』（享保二年〈一七一七〉初演）などに登場します。多くの作品世界を一つの作品のなかに取り入れる「綯《な》い交《ま》ぜ」の手法を得意にした南北は、ここでも二つの作品世界を接続させているのです。南北がここで試みた趣向は、それだけではありません。『三賀荘曾我嶋台』に登場する半兵衛は、実は小万という女性でした。つまり、多くの作品で描かれてきた小雛半兵衛というカップルを、女装の男性（小雛実ハ笹野権三）と男装の女性（稲野屋半兵衛実ハ小万）の組み合わせとして、意外性を生んだのです。

　光延氏の論文が説明する通り、南北と三代目菊五郎による女装の男性という役柄は、その後の黙阿弥に継承され、お嬢吉三や弁天小僧といった今日もよく知られる大役を生んだわけですが、男装の女性の方はどうなったのでしょうか。現在の歌舞伎に登場する男装の女性の役を数えると、意外にも数は少なく、作中でのその人物あるいは、男装という行為の重要度が低いことに気が付きます。『彦山《ひこさん》権現《ごんげん》誓《ちかいの》助剣《すけだち》』（天明六年〈一七八六〉人形浄瑠璃で初演）「毛谷村の場」のお園は、男性の虚無僧の姿で舞台に登場しますが、比較的すぐに主人公（かつお園の許嫁）の六助に女性であることを見破られてしまいますし、『助六由縁江戸桜《すけろくゆかりのえどざくら》』の曾我満江は、廓に入り浸る息子の助六（実は曾我五郎）に意見をするため、男性客に姿を変えて吉原を訪れますが、お嬢吉三や弁天小僧の異性装のような劇的効果のある設定とは言い難いものです。

　こうした男装の女性という役柄の存在感の薄さは、当初はやはり男性のみによって演じられる（女性役は変声期前の少年俳優が演じた）演劇であったシェイクスピア劇に、『ヴェニスの商人』のポーシャ、『十二夜』のヴァイオラ、『お気に召すまま』のロザリンドといった男装の女性の活躍が描かれることや、歌舞伎でも女性役でありながら、「男らしい」力強い演技を見せる「女武道」の役柄や、『女暫』や『女鳴神』のように立役によって演じられる役を女形に変更した「書替女狂言」が比較的早い時期から存在したことからすると、意外な感じがします。

そんななか、女装の男性という趣向でも、お嬢吉三や弁天小僧といった大役を生み出した河竹黙阿弥は、男装の女性が主人公として大活躍する作品を残しています。

黙阿弥の「女書生」

黙阿弥の『富士額男女繁山《ふじびたいつくばのしげやま》』（以下、通称の「女書生」を用います）は、明治十年（一八七七）四月、東京・新富座で初演された全四幕の芝居です。明治期の黙阿弥は、新聞や電報、鉄道といった新時代の風俗が登場する芝居をいくつも残しており、これらは髷を切った散切頭の人々が登場するというところから、「散切物《ざんぎりもの》」と呼ばれています。この「女書生」もその一つですが、どのような形で明治初期の社会や風俗が描かれているのでしょうか。この芝居のあらすじを見てみましょう。

〈上州に住む士族・妻木右膳は娘のお繁《しげ》（五代目尾上菊五郎）を男装させ、繁《しげる》と呼んで育ててきた。繁は成長して立身出世を望み、東京・駿河台の神保正道の宅で書生をしているが、実家の父が病気と聞き、主人から二百円の金を盗んで帰郷する。道中で人力車夫の御家直（初代市川左團次）に女だと知られた繁は、口封じのため身体を要求される。

父の元に金を残して去った繁は帰路、浅草花川戸の書店・戸倉屋の娘お芳に惚れられる。東京に戻り、正道らに自分が女であることを明かした繁は、正道の妾となる。望まない縁談を持ち込まれて、川に身投げをしたお芳は助けられて、繁と再会を果たし、繁が女性であることを知る。

右膳を殺害して金を奪った御家直は、自分の女である繁を奪ったと言って右膳に金を要求する。繁は御家直に従うと見せかけて、酒に酔った御家直を隅田堤で討つ。〉

「女書生」の筋立てが、最終的に女性の主人公が、自分と身体の関係を持った男を肉親の仇として討つ内容を持つ南北の『桜姫《さくらひめ》東《あずま》文章《ぶんしょう》』（文化十四年〈一八一七〉初演）や、黙阿弥自身の旧作でやはり女性が父の仇を討つ『双蝶《ふたつちょう》色《いろの》成《でき》曙《あき》』（元治元年〈一八六四〉初演）を利用したものであることは、今尾哲也氏や金智慧氏によって指摘されています。江戸時代の演劇や小説で非常に好まれた敵討ちという主題ですが、明治十年にはすでに現実の世界での敵討ちは禁止されていました（明治六年〈一八七三〉に敵討禁止令が出されています）。しかし、芝居の観客は相変わらず敵討ちを好奇の目をもって眺めたのでしょう。「女書生」では、そうした現実とのギャップを意識して、公に禁じられた敵討ちを行なったことを理由に自害しようとする繁を人々が止めて、自首して「お上の処置」を受けるように説得するという幕切れになっています。

明治期の風俗や世相が表れているのは、敵討禁止令に関わる箇所だけではありません。主人公・繁が、「書生」となって勉学によって身を立てようとすること自体が、明治期の立身出世の風潮を描き出したものといえます。繁が、身分の固定度が極めて高かった江戸時代と異なり、自身の努力によって身分の上昇が可能な新時代が訪れたことと、そうした時代にあっても、女性には立身出世の道が閉ざされていることを強く意識していることは、次のような御家直とのやり取りからもわかります（以下の、「女書生」からの引用はすべて『黙阿弥全集』第十二巻によります）。

直　うつかり人にも話されぬ事を聞いても仕方がないが、どういふ訳でお前さまは、姿をお替へなされまするな。

繁　其尋ねは尤だ、斯《こ》うして男に姿を替へ学問修業いたすのは、まあ斯うぢや。（ト合方きつぱりとなり、）子育ちがたく幼少より名まで男で育つた体、当今開化の時世には学がなければ人にはなれぬ、それゆゑ市中に女学校も立つては居れど今更に、女になるよりいつその事、書生となつて塾に入り勉強なして一廉《ひとかど》の腕に力を得た上で、心に望む志願を貫き、江湖に其名を売る所存、先づそれまでは男にて、勉学なさんと思ふゆゑ、必ず他言はいたしてくれるな。

（序幕「熊谷宿小松屋の場」、全集四一六頁）

立身出世が可能な職業の代表的なものが軍人と官吏ですが、戦前の軍人は男性のみであり、官吏登用試験も女性には受験資格がありませんでした。官吏の場合は、女性も雇員等として官公庁に勤務して経験を積み、下級官吏である判任官となることが可能でしたが、その上の奏任官以上になることはできず、判任官としても班長が昇進の上限となっていました。制度上で男女が平等に扱われるようになるのは、昭和二十二年（一九四七）の国家公務員法制定を待たねばなりませんでした。

新しい時代を迎えながら、女性には立身出世が叶わない。しかしながら、繁の場合、たまたまそれまで男子として養育されてきたという事情がありました（繁の年齢は明示されていませんが、明治十年に十代後半から二十歳前後とすれば、明治維新の際には十歳前後ということになります）。父の右膳が繁を男子として育てたのは、後に見るように、丈夫に成長するようにという願いを込めたものだったのですが、時代の変化が期せずして繁に好機をもたらしたのです。

しかし、この幸運を活かし、男性として生きていきたいと強く願う繁を待っていたのは、苦難の連続でした。客の書生が実は女性であると知った人力車夫の御家直は、口止めのために繁に身体を要求します。なぜ、繁が男装をしていることが、それほどの弱みになるのかというと、当時は異性装をすることは犯罪行為であったからです。明治五年（一八七二）の東京違式詿違《いしきかいい》条例を始めとして、明治初期に各地で制定された違式詿違条例は、今日の軽犯罪法にあたるものですが、そこでは次のように、異性装を行うことが禁止されていました。

男にして女粧《じょそう》《オナゴノツクリ》し女にて男粧し或は奇怪の扮飾《ふんしょく》《イデタチ》をなして醜体《しゅうたい》《ミニクキスガタ》を露はす者
但俳優歌舞妓《はいいうぶき（ママ）》《ヤクシヤマヒコ》は勿論女の着袴《ちやくこ》《ハカマヲツケル》する類は此限にあらず
（木村信章『違式詿違図解』明治十年〈一八七七〉刊）

図2　細木藤七編『〈挿／画〉違式詿違条例』洋々堂、1878年

男性でありながら女性の姿をする者、女性でありながら男性の姿をする者、すなわち異性装行為を行う者が刑罰の対象となるとしているのです。なお、「俳優歌舞妓」等、職業上の必要から異性装を行う者は例外となっています。

繁は、御家直に身体を許してまでも、男性としての立身出世の望みを貫こうとしますが、この後戻った実家でも、この異性装は犯罪であるという問題を突きつけられることになります。繁に対する、父・右膳の言葉を見てみましょう。

今開明の世の中に公然人には話せぬが、我等夫婦は子に縁薄く、そちが産れぬ其前に、男女で三人死亡なし、其後そちが出産せしゆゑ、女子に男の名を附けて男子となして育つれば成長なすと聞きしゆゑ、まだ其頃は禁厭《まじなひ》や陰陽博士の教へなど人の信ずる時なれば、終に男子の姿となし、幼同士《をさなどうし》の遊びにも、女子と交りせざりしゆゑ、真の男子も同様にて六歳の折学に入り、教へ賢しく覚ゆるは天晴《あつぱれ》父の子程あると、褒めそやされし我が悦び、とてもの事に洋学をも学ばせたしと思ふ折、東京へ出て入学なし、勉強したいと望むゆゑ、男子の姿を幸ひに道ならざれど書生と偽り、我とは心合ずして不和なる妻が一人の弟惣助どのを便りとなし、学問修業に東京へ出府なしたき望みに任せ、五年跡に遣せしが、厳しき布告もあるものを、女子を男子と偽りしは、今々思へば子の愛に溺れしまゝの違式の罪、危い事でありしよなあ。

（二幕目「蓮華寺村閑居の場」、四三四頁）

繁を男子として養育したのは父の右膳であり、娘の利発さを喜び、さらに勉強をしたいという繁の望みに任せて東京へ送り出したのも右膳でした。ところが、明治の世となって異性装が犯罪であることが明文化されると、繁がなおも勉学と立身への強い意志を持つにもかかわらず、「さゝ隠す事ほど漏れ易しと、誰知るまいと思ふは愚なり。其間違ひのなき内に、莟の花も早や年頃、男姿を改めて、女教師《ぢょけうし》となり今日より、父の側にて手助けなし、故郷へ錦を飾ってくれ。」（同、四三五頁）と、帰郷して女性として生きることを望むのです。繁からすれば、梯子《はしご》を外された形としか言いようがありません。

ジェンダーを越境するせりふ

東京に戻った繁が主人・神保正道に、金を盗んだことと、自分が女性であることを告白すると、正道は繁の罪を許し、自分の妾とします（しかし、実は繁の親孝行さと才知に感心した正道は、表向きは繁を妾にしたと見せかけて、関係を持つことはなく、密かに支援をしていたことが後に明らかになります）。

女性であることを明らかにして東京で生きていくために、表向きだけではあっても、「妾」という属性を選ばざるを得なかった繁は、三幕目の正道の別荘の場では、書生姿とは打って変わって、「結び髪、着流し」（五〇五頁）の色っぽい姿で登場します。「女性性」を強調した姿となった繁の前に、御家直が再び現れると、繁は正道に心の中では感謝しつつも、親の仇である御家直に近づくため、正道の妾としての生活への不満を言い立て、御家直とともに去っていきます。そのせりふは、「女書生」全篇のなかでも重要かつ、非常に面白いものです。

あゝ静に言つても分ることを、口やかましい小助どの。（ト誂《あつら》への合方《あいかた》になり、悪婆の思《おもい》入《いれ》にて、）お前方に結構な身の上などゝ言はれるが、わたしやそれが大嫌ひ、斯うして旦那に囲はれて、男女《をとこをんな》を遣《つか》つて居れば、此上もない身の仕合せ。（トぢつと思入あつて、又言葉を替へ、）月々出入りの呉服屋から、仕立おろしの着物が出来、簞笥の数の殖《ふ》えるより、着て居るものを減らしても、好きな酒を勝手に呑み、樽もころりと横になり、寝たい時には昼までも寝られる体がわたしの望み。（ト済まぬといふこなしあつて、ちよつと書生の思入にて、）此悪弊《あくへい》を脱せぬも、情欲の目が覚めぬゆゑ（ト又女の思入にて、）是れから爰《ここ》を出て行けば、此直さんと夫婦になり、気も相乗りに共拵《かせ》ぎ、亭主が車を引きに出れば、女房は内で鼻緒を縫ひ、針より細い暮しをしても、気兼のないのが体の薬、毒と知りつゝ気兼して、旦那の側に居る時は、長い月日の其内に。（ト難儀を掛けねばならぬといふ思入あつて、又男の思入になり、）身の健康を害すゆゑ、止むを得ずして退身なす。（ト気を替へ、）いやな所に栄耀して、長居するより短い命、好いた男と共々に、苦労するのが女の楽しみ、色恋知らぬお前達の知つた事ぢやアありませんよ。

（五五六〜七頁）

ここでの繁は、「悪婆」の言葉遣いと、「書生」の言葉遣いとの間を行き来しています。「悪婆」とは、歌舞伎の女形の役柄の一つで、惚れた男や主君のために盗みや騙り、時には殺しといった悪事にも手を染めるような女性の役です。宝暦十一年（一七六一）に大坂で初演された『秋葉権現廻船語《あきばごんげんかいせんばなし》』で初代嵐小六が演じた牙のお才や、江戸では寛政四年（一七九二）の『大《おお》船盛鰕顔見勢《ふなもりえびのかおみせ》』で四代目岩井半四郎が演じた三日月おせんなどが、悪婆の先駆的な例とされていますが、なんといっても悪婆の役柄を完成させたのは、作者では鶴屋南北でしょう。

「女書生」の筋が、南北の『桜姫東文章』を利用していることについては、すでに触れました。この繁のせりふも、『桜姫東文章』にヒントを得ています。『桜姫東文章』に登場する吉田家の息女・桜姫は、自分を犯した男に惚れてしまい、その後を追ってついには安女郎に身を落とします。その女郎となった桜姫のせりふは、下級の遊女のぞんざいな言葉遣いと、お姫様の言葉遣いが入り交じったものなのです。

初演で桜姫を演じた五代目岩井半四郎は、現在上演される『御存鈴ヶ森《ごぞんじすずがもり》』の白井権八のせりふ回しに、その癖が残っていると言われる、せりふの巧さで知られる役者でした。最近でも、桜姫の役を屈指の当たり役としている坂東玉三郎は、せりふの巧みな人だけに、この遊女と姫がちゃんぽんになったせりふで客席を湧かせました。

黙阿弥は、南北が書いた、下級の遊女と高貴な姫という身分の間を行き来するせりふという趣向を、女性である悪婆と男性の書生という、ジェンダーを越境するせりふへと作り替えたのでした。なお、大正期に出版された『大南北全集』に収録されている『桜姫東文章』の台本は、黙阿弥が旧蔵していた台本を活字化したものです（原本は関東大震災で焼失）。

「竹次郎事たけ」という補助線

『桜姫東文章』は、江戸時代には再演されることがなく、昭和二年（一九二七）に部分的に復活上演されました（川尻清潭脚色『清水精舎東文章《きよみずでらあずまぶんしょう》』）。ただし、この時は桜姫が女郎になっている「山の宿町権助住居の場」はなく、この場面の復活は三年後を待たねばなりませんでした（巌谷三一改修『當流東文章《とうりゅうあずまぶんしょう》』）。戦後、三島由紀夫監修による歌舞伎座での上演（昭和三十四年〈一九五九〉）があり、昭和四十二年（一九六七）国立劇場での郡司正勝の補綴・演出によって現在の上演台本と演出が整理されます。そして、その後、玉三郎と市川海老蔵（のちの十二代目團十郎）、片岡孝夫（現・仁左衛門）らによってブームを巻き起こすに至ります。

一方、「女書生」は、五代目菊五郎による初演ののち、養子の六代目尾上梅幸らによって何度か演じられ、戦後も七代目梅幸が手がけていますが（昭和二十九〈一九五四〉年一月新橋演舞場、遠藤為春補訂）、それ以降は上演がありません。やはり、戦後にあっては、明治初期の世相を強く反映した「女書生」よりも、江戸時代を舞台とする『桜姫東文章』の方が観客にとってより「歌舞伎らしい」ものに映ったのかもしれませんし、南北の作品のなかに現代人に訴えかける要素があるのも確かです。

では、「女書生」は、ひたすら明治初期の社会を映すだけで（それだけでも、私のような者にはとても魅力的なのですが、多分共感できない人が多いでしょう）、現代の観客にはアピールしない作品なのでしょうか。

　ここで、「女書生」の現代風な読み替えを示してみたいと思います。その補助線となるのは、江戸時代末期に実在した、「竹次郎事たけ」という人物です。この人物については、長島淳子氏の著書『江戸の異性装者《クロスドレッサー》たち　セクシュアルマイノリティの理解のために』のなかで詳しく触れられていますので、同書によりつつ、どのような人物であるかを紹介します。

「竹次郎事たけ」は、文化十一（一八一四）年に江戸の火消人足の娘たけとして生まれ、両親と死別し、親類に引き取られました。十二、三歳の頃、八王子の旅籠屋へ奉公に出されますが、これは遊女となることを前提としたものであり、たけは親類に売り飛ばされたのでした。遊女となることを嫌ったたけは、逃走して江戸に戻り、以後、月代《さかやき》を剃って男装をし、竹次郎と名乗って暮らすことになります。天保三年（一八三二）八月十日から蕎麦屋忠蔵方で働いていた竹次郎は、同二十九日昼、腹痛を起こし、人々に介抱されましたが、男子を出産したのです。竹次郎は日頃から男姿であり、男湯に入るなど、周囲の人々には男性だと思われていたため、騒動となりました。実は、ある酒席で居合わせた男に、男装していることを知られてしまった竹次郎は、男に身体を要求され、運悪く妊娠してしまったのでした。こうした過程で数度にわたる盗みを働いていた（長島氏はこれについても、同情すべき事情があったのではないかという推測をしています）ことも判明し、竹次郎は五十日間の入牢と入墨の刑に処されることになります。さらに、五年後、最初の処罰の際に、以後は男装を行わないように命じられたにもかかわらず、男姿で生活し続けていた竹次郎は、身分を偽ったことなどにより、八丈島に流されてしまい、一年余りのちに短い生涯を終えたといいます。

長島氏は、遊女となって男に身を売ることを忌避し、男装を禁じられたのちも男性として生活し続けた竹次郎について、出生時から周囲には女性と認識されつつも、性自認は男性である、今日でいうところのFtMトランスジェンダー（トランス男性）だったのではないか、という推測をしています。

いうまでもなく江戸時代に「性自認」という概念は存在しませんし、現代の概念を過去に当てはめることには慎重であるべきでしょうが、お上から目をつけられるだけでも社会生活に大きな支障を来たしかねない近世社会にあって、一度処罰を受けながらも男装を続けた竹次郎の姿勢は、それが竹次郎のアイデンティティに関わる問題であったことを感じさせます。

さて、この「竹次郎事たけ」の事例を見た時、異なるジェンダーを生きようとする強い意志や、偶然に異性装をおこなっていることを知られ、身体を要求されてしまうことなど、「女書生」の繁との共通性に気が付きます。父親によって幼少期から男児として育てられたことや、男性として生きれば立身出世の道が開けるという実利面の理由もあるにせよ、初対面の男に身を任せることになっても、父親から強く反対されても、あくまで男の書生としての人生を生きようとする繁の姿からもまた、それがアイデンティティと結びついた行為であることが感じられます。すでに見たように、芝居の後半では繁は書生として生きることがもはや叶わず、女性の姿で登場します。しかし、たとえば繁がトランスジェンダーであるとして「女書生」という芝居を読み替えていくならば、そこでの繁は、周囲の人々から認識されているジェンダーと自分自身の認識するジェンダーとの間で板挟みとなった状態であるといえます。先に引いた、悪婆と書生とを行き来するせりふを、そのような繁の心理状態が表れたものとして読み解くこともできるのではないでしょうか。

歌舞伎の周りの女性たち

以上のような「女書生」の解釈は、あくまでも、この芝居を「現代劇」として見る場合の一つのアイディアであり、作者の黙阿弥も、当時の観客たちも、性自認やトランスジェンダーといった概念を知るはずもありません（なお、「竹次郎事たけ」は黙阿弥より二歳年上で、右に紹介した一件が記されている『藤岡屋日記』には、黙阿弥が芝居の題材としたと考えられる出来事が記録されています。黙阿弥が「竹次郎事たけ」について見聞きしていたという証拠はありませんが、絶対に知り得なかったともいえません）。

黙阿弥は、見物に親切（観客が喜ぶ芝居を書く）、役者に親切（役者の魅力が活きる芝居を書く）、座元に親切（劇場の経営者が儲かる芝居を書く）という「三親切」をモットーとしていたといわれます。「女書生」を執筆する際にも、黙阿弥はまず、南北の『桜姫東文章』などを下敷きにしつつ、違式詿違条例などの同時代のトピックを取り込み、立役と女形の両方をこなす五代目菊五郎の魅力が活きる芝居を作って観客を喜ばせ、興行を成功させるということを念頭に置いていたはずです。

しかし、黙阿弥はひたすら職人的な技巧によってのみ、この芝居を書いたのでしょうか。そうではないのではないか、と思わせるのが、黙阿弥の娘・糸《いと》の存在です。糸は黙阿弥の長女として生まれ、黙阿弥の没後は高弟の竹柴《たけしば》其《き》水《すい》らとともに父の作品の版権の管理などを行いました。生涯独身で、子を持たなかった糸が、坪内逍遥の紹介により迎えた養子が、演劇学者・河竹繁俊であり、糸と繁俊は『黙阿弥脚本集』『黙阿弥全集』などの校訂を行い、黙阿弥の多くの作品を活字化しています。こうした黙阿弥没後の河竹家の来歴は、繁俊の息子であり、やはり演劇

図3　河竹糸（河竹繁俊『黙阿弥全集首巻』春陽堂、1925年）

学者であった登志夫によるすぐれた評伝『作者の家』に詳述されています。

さて、繁俊は養母について、次のように記しています。

脚本の改訂が相当に出来るといふことは、やがて、狂言作者としての能力を立証するものであるといつてよい。明治十二年の三月、市村座に上演された『正権妻梅柳新聞』は『お若伊之助』から脱化したもので、糸女が書いて黙阿弥が補訂したものであつた。もし初から作者としての修行を積ませて、門弟同格に教へこんだなら、或は立派に狂言が書けたかも知れなかつたが、生得病弱であつたのと、母の禁止に逢つたのとで、父母の存生中は思ふやうにならなかつた。

（「河竹糸女略伝」『黙阿弥全集　首巻』）

『正権妻梅柳新聞《ふたりづまばいりゅうしんぶん》』は明治十二（一八七九）年二月、市村座で上演されています。この興行の番付を見ると、河竹新七を名乗っていた黙阿弥、その高弟でのちに三代目新七となる竹柴金作をはじめ、十一人の名が「狂言作者」として掲載されています。このなかには台本の執筆には一切関わっていない、経験の浅い者も含まれると思われますが、繁俊の言を信じればこの芝居の「原作者」であった糸の名はどこにも記されていないのです。

糸は、「幼少から馬琴京伝等の戯作を愛読し、好んで文章を綴ることさへあつた」といい、明治九（一八七六）年三月に中村座で上演された『鎌倉山春朝比奈《かまくらやまはるのあさひな》』を黙阿弥が執筆しようとした際に、「黙阿弥は充血性の眼病で、眼を使ふことができず、何かの都合で門弟にも来て貫へず、困り果てた結果」、父の「筆取り」（口述筆記）を任され、以後もしばしば默阿弥の作品の筆記をするようになったようです（「河竹糸女略伝」）。明治九年といえば、「女書生」初演の前年です。「女書生」の構想を立てつつあった默阿弥の頭に、当時の未婚女性としては比較的高齢な二十代後半になり、作者としてのすぐれた才能を感じさせる娘と、女性がそうした才能を発揮することが困難な社会に対する意識があったのではないか、とつい想像を逞しくしてしまいます。もちろん、默阿弥は女性の活躍を阻《はば》む社会や芝居の世界に対する明確な批判として、「女書生」を書いたわけではないでしょうが。

舞台のすぐ近くにいて、たとえすぐれた才能を持っていたとしても、女性が歌舞伎の世界で生きていくことが難しい状況は、現代でもあまり変わっていません。冒頭にも記した通り、幹部俳優の娘は、幼少期には子役として歌舞伎の舞台を踏んだとしても、歌舞伎俳優として一生を送ることはできません。七代目尾上菊五郎の娘である俳優の寺島しのぶは、母でやはり俳優の富司純子との対談で、次のように語っています。

「母さん、弟の稽古につきっきりだったからね。私がはっきりと『女の子は歌舞伎役者にはなれない』と知ったのは、11歳の時だったと思う。反発心から、弟と習っていたお稽古事をすべてやめて、放課後に友だちの家で夕ご飯をいただいて帰ってくる毎日だったのを覚えてる」（「完璧な母と、がむしゃら娘の49年　性格が真逆だからこそ「私は私」と割り切って　富司純子×寺島しの

ぶ」『婦人公論』二〇二二年四月号）

のちに、ベルリン国際映画祭最優秀女優賞などを受賞するほどの俳優となる才能を持ちながらも、弟（現・尾上菊之助）と同じように歌舞伎の道へは進むことができない。その事実を突きつけられた時の衝撃は大きかったようです。

役者になりたい！

歌舞伎俳優になることができない、あるいは、タブーを乗り越えて歌舞伎俳優になろうとする女性というモチーフは、現代のフィクションのなかでも描かれます。

武内昌美の漫画『True Romance』（全六巻、小学館、一九九八〜九九年）の主人公・七倉優希は、病に倒れた元歌舞伎俳優の父に代わり、男性であると偽って、祖父・中川鷗来のもとで歌舞伎の修行を始め、日常でも周囲に女性であることを隠して生活します。鷗来の養子となっている若手俳優の中川新弥と優希は、かつて偶然に出会い惹かれ合っていたのですが、優希は新弥にも素性を隠していました。新弥は優希こそが、自分の惚れた女性であったことに気づき、密かに愛し合うようになりますが、優希が女性であることが世間に知られ、最後の舞台で「鷺娘」を踊った優希は普通の女子高生に戻ります。

宝塚歌劇団星組が、平成十一年（一九九九）十二月の宝塚バウホール公演で上演した大野拓史脚本・演出『エピファニー』は、シェイクスピアの『十二夜』を、明治初期の東京の芝居小屋を舞台に翻案したものです。行方不明になっている歌舞伎俳優の来光屋高五郎（彩輝直）の双子の妹・おたか（彩輝二役）は、男装して兄に成り代わり、舞台に立ちます。芝居小屋の座元である入谷成義（司祐輝）から毛利鞠（妃里梨江）への恋文を運んだおたかは、鞠に一目惚れされてしまいます。最終的には、兄の高五郎が帰還し、女性であることを明かしたおたかは女優となることを決めるとともに、入谷と結ばれます。高五郎と鞠も結ばれ、大団円となるまで、筋はシェイクスピアの原作を比較的忠実になぞっていますが、原作のヴァイオラ同様に男装したおたかが（男でなければいけない）歌舞伎俳優になり、最終的には明治期に新たに登場した存在である女優への道を歩む点に、特徴があります。

女性が男装して歌舞伎俳優となるという設定は、少々突飛なところがあるかもしれませんが、歌舞伎俳優になることのできない女性という題材は、先の寺島しのぶの例を見ても、現実的なものといえるでしょう。

東芙美子の小説『梨園の娘』（ＫＡＤＯＫＡＷＡ、二〇一三年）の主人公・風間葵は、題名の通り、歌舞伎俳優・藤村霞右衛門の子として生まれた「梨園の娘」です。葵は幼少期から、双子の兄・桂よりもはるかにすぐれた芸の才能と演技への熱意を持ち、「あたしも歌舞伎役者になる」（五十七頁）と宣言します。女性は歌舞伎俳優になることができないという現実を突きつけられたのちも、女優を目指す葵を、父を始めとする周囲の男たちは執拗に妨害します。芝居への狂気に取り憑かれた霞右衛門たちは、葵にはその世界の厳しさを味わわせまいとするのですが、葵もまた狂気に取り憑かれた人間だったのです。

『梨園の娘』の桂は、葵とは対照的に、人気俳優の長男として生まれ、歌舞伎俳優への道が準備されているにもかかわらず、妹のような才能も熱意も持ち合わせない人物です。歌舞伎俳優になりたいのに、なることのできない女性と対照的な男性という構図は、糀谷キヤ子の漫画『かぶきドロップ』（実業之日本社、二〇一六年）にも見えます。若くして父を亡くし、早くに名跡を継いだ歌舞伎俳優・三代目浅尾雷子は、自分の芸に自信が持てず、役者を続けることに迷っています。雷子の妹・清美は、そんな兄に対して、「私にはその権利すらない」と激昂します。物語は幕末・明治の名優である五代目市村宇左衛門（五代目菊五郎をモデルにしていると思われます）の霊が清美に憑依し、自分の当たり芸である弁天小僧を雷子に教え込むという展開をたどり、憑依の解けた清美は踊りの稽古に熱心に取り組むようになるのでした。

こうした歌舞伎俳優とその姉もしくは妹というパターンを変奏したものといえるのが、近藤史恵の小説『桜姫』（角川書店、二〇〇二年）です。主人公の小乃原笙子は歌舞伎俳優・市村朔二郎の愛人の子であり、朔二郎の息子・音也が幼くして病死した後に、朔二郎に引き取られたと世間からは思われています。笙子自身もそのような自分の生い立ちを疑ったことはなかったのですが、会ったことのないはずの異母兄を殺す悪夢を見るようになったことから、兄の死の真相を探り始めます。ミステリの結末を記すのは野暮ですから、笙子がたどり着いた「真相」については、実際に作品を読んでいただければと思います。結末を知れば、この小説もまた、「歌舞伎俳優になることができない女性」という、これまでに見てきたモチーフと結びついたものであることがわかるでしょう。

最後に紹介するのは、斉木久美子の漫画『かげきしょうじょ!!』です。大正期に創設された女性だけの劇団である紅華歌劇団（もちろん、宝塚歌劇団がモデルです）の劇団員を養成する紅華音楽学校に、百期生として入学した渡辺さらさと同期生たちの日々を描く群像劇で、現在（二〇二二年八月現在）も雑誌『MELODY』（白泉社）で連載が続いています。さらさは、歌舞伎の名優・十五代目白川歌鷗の子なのですが、その事実は本人にも知らされておらず、祖父の手で育てられてきました。幼い頃から踊りの稽古のために白川家に通っていたさらさは、実父譲りの才能を示していました。ある時、さらさは子役が病気で休演になったことから、急遽、『助六』の禿《かむろ》として舞台に出演します。一方、一般の家庭に生まれ、歌鷗の部屋子となった、さらさの幼馴染の白川暁也は、日頃の稽古から自分よりもすぐれた才能を見せつけ、急な代役にも動じないさらさの姿を見て、敵わないと感じるのでした。

ところが、「男の子だったら十六代目になれるんじゃないかっていう人も居たくらい」（二巻、七十三頁）さらさの舞台での振る舞いが見事だったという暁也の言葉を聞いた歌鴎の妻の幸恵は、思わずさらさに向かって、「お前は助六にはなれません!!」と言い放ってしまうのでした。幸恵はすぐに後悔しますが、さらさは踊りの稽古をやめてしまいます。

公園で出会ったさらさに、「さらさちゃんはずっとお稽古に来ないね…」と暁也が問います。「女の子は歌舞伎になれないんだって」「頑張っても規則でダメなんだって」「だからさらさは助六にはなれないいんだよ」と呟くさらさ。「でも男の子でも助六になれない人はいるよ」という暁也のなぐさめの言葉に対する、さらさの「でも絶対じゃないでしょ?」という答えは、とても重く響きます（同、八十八〜九頁）。暁也は、さらさを深く傷つけるきっかけを作ってしまったことを悔やむのでした。

ここまでを見れば、この作品も、歌舞伎俳優になることができない女性と、才能や熱意に恵まれない男性というパターンをなぞっています。しかし、この後、さらさが紅華歌劇団という次の夢を見つけ、暁也も歌舞伎への熱意を持つようになってからが、この漫画のメインストーリーです。

最初に述べたように、現在の歌舞伎は男性のみによって演じられる、異性装（女形）を前提とした演劇です。また、その劇中では、しばしば異性装をおこなう人物が活躍してきました。歌舞伎の異性装の登場人物の多くは、悪事を行うため、あるいは宝物の詮議《せんぎ》などのために異性

図4　斉木久美子『かげきしょうじょ!!』第2巻、pp.88-89（白泉社）

装をおこなっていますが、「女書生」の繋のように、異性装によって元のジェンダーのままでは困難な自己実現を果たそうとする、あるいは、自己と他者のジェンダー認識の齟齬《そご》に苦悩しているとも解釈可能な役も存在するのです。

また、そのような歌舞伎の世界は、女性の参加を拒んできました（実は、江戸時代には大名屋敷などで歌舞伎を演じる御狂言師《おきょうげんし》と呼ばれる女性たちがおり、近代にも歌舞伎を演じる女役者が活躍した時期があるのですが、歌舞伎の歴史を記す時、そうした存在は無視されがちです）。ここまでに紹介してきたいくつかの作品にも、そうした歌舞伎俳優になることができない女性が登場しました。そして、フィクションのなかでは、そうした女性たちの歌舞伎への想いは、異性装（男装）をおこなうことで、異性装の演劇のなかへと入っていくという形で描かれたのでした。

さらさの場合は、歌舞伎への夢を失ったのち、もう一つの異性装の演劇を新たな夢として手に入れます。一度は夢破れながら、悲壮感とは無縁な感のあるさらさと、単なるさらさの引き立て役では終わらなそうな暁也、この二人の物語は、これからどのように展開していくのでしょうか。

第六章
シェイクスピアのオールメイル上演の愉しみ方

阪本久美子

観劇という体験

開演の直前、まだ一部の観客のひそひそ話が聞こえる中、今にも上がりそうなカーテンをじっと見つめる、あの期待に満ちた瞬間には、長い観劇歴をお持ちの方もワクワクなさると思います。映画の上映前にあの感覚がないのは、おそらくカーテンの向こうに自分たちと同じ生身の人間が控えていて、同じように開演を待っているということを感じないからではないでしょうか。この時間と空間の共有感覚が観劇ゆえの魅力となります。

劇場の中で、役者と観客は特定の時間とスペースを共有する身体として、一つの上演環境を作り出していると言えます。観劇における経験とは、上演の時間内に舞台で起こったことだけではなく、目の前で演技する役者から隣や前の席の観客、舞台のセットから観客席の椅子まで、劇場という空間に存在するもの、つまり劇場の環境全てから成り立っています。上演の場においては、演劇作品（脚本、台本）によって創られたフィクションの具現化以外に、舞台上の物理的な現実が存在しており、そこで起こる現象を丸ごと経験するということです。

一方、役者側の経験はというと、一つの公演で何度も繰り返して同じ場面を演じることになります。生身の人間が目の前で演じているということは、必ずしも全てが毎回同じではないということです。時には「事故」もあります。その昔、ストラットフォード・アポン・エイボンのスワン座で、舞台の裏側、つまり舞台の真上の二階席から観劇していた時のことです。隣に座っていた女性が、舞台にお財布を落としてしまいました。下にいた役者は、お財布を見つけると、私に対して、「僕にくれるの?」というジェスチャーをしてから懐にしまい込みました(お財布を落としたのは私だと思われたようです)。幸い王政復古期の喜劇だったため、劇場は笑いに包まれましたが、これも劇場でしか起こりえない、素晴らしい経験でした。役者の訓練にはアドリブを行うことも含まれています。舞台上で起こった不測の事態に見事に反応できる役者、そしてそれを楽しむ観客の存在により、上演は成り立っています。「体験」という言葉そのものである観客の身体による経験が、上演を完成させています。

配役による「事故」

配役次第では上演中に全く思いも寄らないことが起こる可能性があります。通常配役は、テクスト、つまり台詞の中に埋め込まれた手掛かりにより定義された登場人物に一致すると思われる役者を選ぶ作業です。もちろん、これに役者の力量、評判、話題性、演出家の好みなど、他の要因が加わりますが、基本的には登場人物を表象《ひょうしょう》するための媒介として、最もふさわしいと考えられる役者が配役されることになっています。役者は、登場人物を生身の人間らしく演じるために、テクストを頼りに登場人物の表象を行います。テクストに基づいた役作りという内面の作業は、同時に衣装や髪型など役者の外面の作業と共に、舞台上の現実の存在である役者の身体を、概念的な存在である登場人物の仮想身体に近づける方向で行われます。

このように、必然性に基づいて決められた配役でも、舞台上の身体は偶然性に支配されています。フランス人演劇学者パトリス・パヴィ氏は、一九九八年に出版した『Dictionary of the Theatre』に、「多かれ少なかれ無作為な配役を用いることが、上演に独特の意味をもたらすと考える演出家もいる（筆者訳）」と書いています。登場人物のイメージに合った役者を配役することは、いわゆる「タイプ」に合わせた配役になります。このイメージは、単なる個人のものではなく、ある集団の社会的、文化的見解に基づいた共有イメージ、いわゆる集合知に基づいたものを指します。このイメージに反した、つまり「タイプ」を無視した配役、反「タイプ」の配役の中に、拙論のタイトルにある「オールメイル」（男優のみ）の上演の異性配役も含まれます。異性配役とは、役の性別とは逆の性別の役者を配役することです。観客の目の前に立ち、観客と空間および時間を共有している役者の身体が、現実の存在としての観客の受容に大きな影響を与えることは当然です。反「タイプ」の配役を行うことにより、全く予期していない化学反応のようなものが、舞台で起こるかもしれないということです。特に、シェイクスピアのように再演が重ねられた作品の場合、劇中人物の固定されたイメージが再現されることへの期待が出来上がっています。そこで、全く反した身体を有した役者がその人物を演じた場合、この期待の裏切りが、結果的に大きな創造的原動力として働くかもしれません。それゆえ、異性配役も、上演上のひとつの装置として作用するわけです。

シェイクスピアの時代の女性役

ここで、シェイクスピアの時代の異性配役を概観してみましょう。アカデミー賞まで受賞した一九九八年のヒット映画『恋におちたシェイクスピア』では、主人公のヴァイオラは女性の役者志願者です。役者になるためには男性でなくてはならなかったため、男装してオーディションを受けます。二〇一六年から三シリーズ制作されたBBCの人気コメディ・シリーズ、シェイクスピアが主人公の『アップスタート・クロウ』にも、ケイトという名前の役者志願の女性が登場します。こちらも、役者になるためならば男装も厭わない人物です。

シェイクスピアの時代にはオールメイル上演であったこと、つまり当時女性役は男性によって演じられていたことは、比較的有名な話だと思います。女性役を演じた役者は、声変わりする前の少年俳優であったということをお聞きになったことがあるかもしれません。実は、もう少し年上の若手の役者も女性の役を演じていたと言われています。変声期前の十代前半で見習いとして舞台に立った少年は、やがて見習期間終了後、劇団株主の一人として（雇われ役者ではない）正規の団員になったこともありました。従って、劇団への所属期間から、何歳になるまで女性役を演じたかを判断することが難しいのです。『アントニーとクレオパトラ』には、将来自分のことを演じることになる役者について、「きんきん声のクレオパトラ役の少年（松岡和子氏訳）」とクレオパトラが言う台詞があります。もし本当に少年俳優が演じていたとすると、これは自虐ネタになり、笑いを引き起こしたことでしょう。しかし、この台詞が発話されるのは、シーザーの戦利品としてローマに引き立てられるよりも死を選ぶという決意を語る重苦しい場面です。しかも、クレオパトラは、熟練した「女優」のようであると解釈される登場人物です。くりくりと主張を変えて、嘘と本当を混ぜ合わせて、周りの登場人物を翻弄するクレオパトラのような複雑な大人の女性役は、少年俳優では演じきれなかったのではないかという疑問から、異性を演じた男性の年齢が再検証されることになりました。掘り起こした配役表や登場人物一覧などの照合により、女性役を演じた役者の年齢は主に十三歳から二十一歳であったという、デヴィッド・キャスマンの研究成果が発表されて、現在はマクベス夫人やクレオパトラのような成熟した女性は、変声期を過ぎた若手の男性によって演じられたと考えられています。

オールメイル上演の裏には、シェイクスピアの時代には、どういうわけか、女性が公共の劇場でプロとして舞台に立つことが禁じられていたという事情があります。「どういうわけか」と付け加えたのは、風紀のためという比較的曖昧な理由があげられても、実際のところなぜかがはっきりしていないためです。職業的な女優が存在しなかったことを考えると、役者は男の仕事だと認識されていたからかもしれません。ちょうど同じ時代に、ヨーロッパ大陸では、女性が職業選択のために男装をすることがありました。土地を所有しない、生活の糧を持たない階級に生まれつくと、自活のためには男性は兵士、女性は売春婦になることが最も一般的でした。売春婦になりたくなかった女性の中には、男装をすることにより兵士になった例が記録されています。兵士になった女性の中には、妻を娶《めと》った者もいたそうです。要は、男装しなくてはいけないくらい、性別に基づく職業の区分がはっきりしていた時代だったということです。

役者が男性の職業であると認識されていた裏には、当時の劇団の運営形態があるのかもしれません。シェイクスピアの時代のイギリスでは、正式に劇団員になるには株主になる必要がありました。劇団に投資することにより、共同事業者として運営に責任を持つということです。自ら経済的負担を担うほどに自立した女性は一部の特権階級に限られていたことが、男性による独占の理由に関係していたのではないかと思います。

ただし、演劇というビジネスの外では、女性が舞台に立たなかったわけではありません。職業的な女優がいなくても、アマチュアはいたということです。宮廷や貴族の館で催された仮面劇には、上流階級の女性が参加しました。エリザベス一世の母親アン・ブーリンも、仮面劇に参加したことが知られています。また、地元名士の奥方たちが、教区内の上演やページェント、人前でのダンス・ショーなどのために舞台に立つことはあったそうです。さらに、イタリア、スペイン、フランスといった大陸からやってきた旅芸人たちの中には女優がいて、女性の登場人物を演じていました。このように、イギリスの職業劇団がオールメイル上演を行なっていた時代にも、何らかの形で舞台に立った女性は存在しており、女性の身体を視線の対象とすることもあったわけです。王政復古期の一六六〇年に初めて職業的な女優が現れても、女性が舞台に立つということ自体に関しては、その前の時代からの連続性がありました。一方、男性が女性登場人物を演じる伝統のほうは、プロの女優の登場と共に消えてしまったのです。

風紀上の問題と言えば、清教徒が劇場の存在自体に目くじらを立てた時代です。プロの外国人女優への反応は、非難のほうが称賛よりも圧倒的に多かったという記録が残っています。また、オールメイルの舞台では、異性同士の恋愛関係の場面が同性同士によって演じられるため、バガリー法によって禁じられていた男色を舞台上で堂々と表現していたことになります。その結果、劇場は、同性愛のエロティシズムを表現している場所として非難されることもあったわけです。

異性配役と虚構性

舞台は、テレビや映画に比べると、基本的にその世界が虚構であることを意識せざるを得ない様式です。観客席から舞台を観ているという状況下で、舞台上のことを本物であると認識することはあり得ないからです。時間および空間を役者と共有している以上、目前の人間への意識は消えません。上演時の身体には、まず台詞による叙述定義に基づいて創られた登場人物の身体があります。次に、実際にその登場人物を演じる、生身の役者の身体があります。そして、第三の身体として、舞台上の二つの身体の組み合わせから、観客が認識する身体があります。最後の身体が、観客により受容される身体となるわけですが、観劇中、三つ目の身体は固定していません。観客の意識は、時には三位一体となった身体にではなく、別々に別れた身体、それも上演のストーリーから離れた、目の前にある身体、役者の身体に向かうこともあります。宝塚歌劇の男役について、ストーリーの中の男性登場人物だけではなく、トップスターの男装と男性性の表象のほうに注目することもあるということです。二重写しになっているはずのものが、時々一重になったり、逆のことが起こったりします。

また、観客は当然芝居全体が伝える意味も認識し、頭の中で筋が通ったストーリーを組み立てます。こういうマクロ的、全体的な行為と同時に、場面ごとの知覚も存在します。観客は、芝居全体も楽しみますが、芝居の一部、場面も楽しむということです。異性配役の愉しみ方は、少しこの場面ごとの味わい方に似ています。観客の知覚においては、異性配役への感情が一瞬わいて、でも次の瞬間はストーリーの認識のほうが強くなったりします。異性が演じているからこそ感じるものも共存しているのです。この仕組みを無視して異性配役を考えると、通常の性別を一致させた配役と何の変わりもありません。役者の性別と役の性別の不一致にも観客の意識が向かわなければ、異性配役上演を行う意義すらなくなってしまうと思います。

ジェンダーと虚構性

さて、異性を演じる配役という試みは、それ自体がジェンダーに関する議論を内包しています。もともと、「ジェンダー」は、生物学的な性別を示す「セックス」に代わって用いられ始めた言葉です。ジェンダーに基づいた特性を表すときに用いられるのが男性性および女性性というものです。ジュディス・バトラー氏が主張したジェンダーの「パフォーマティヴィティ」は、この男性性と女性性が実は作られたものであり、生物学的な性別によって決められた特性ではないことを示唆しています。これは、女性が女性らしく、または男性が男性らしくしなくてはならないという、言わば枷《かせ》に縛られる必要がないことを示しており、社会の規範からの解放に役立つ理論です。異性配役を行なった場合、異性を演じる役者は男性性または女性性を表現しますが、ここで表現されるジェンダーは、上演が行われる社会や時代の文化における規範に基づいた特性を模倣しています。異なった社会では、異なったように表現されるということです。劇場では、立ち居振る舞いからジェスチャー、声の出し方などジェンダーの特性の表現が、観客にどのジェンダーを演じているか、つまり登場人物の性別を伝えるための記号のように利用されます。舞台上で示されるジェンダーは、観客に伝達されなくてはならないため、例えばオールメイル上演の異性配役では女性性がさらに強調されることが普通です。二つ目の役者の身体が男性であるため、表現する登場人物の身体が女性であることを、観客に確実に認識させる必要があるのです。ただし、前述の通り、観客の認識する第三の身体がどちらの性別になるかは、決して断定できません。

現実でも劇場でもジェンダーは虚構のものであるわけですが、現代演劇では「ナチュラリズム」と呼ばれる表現様式が重視されています。現実に起こっているかのように、できるだけ自然に上演を行うことです。この傾向は、実は新しく、十九世紀の終わりから二十世紀にかけて確立しました。ですから、シェイクスピアの時代の上演は、このナチュラリズムの様式には則っておらず、演技の型に基づいたものであったという説が主流です。比較的自然に演じることもあったとされていますが、観客に直接話しかける独白や他の登場人物には聞こえないことになっている傍白といったテクスト内のヒントからも、現実的でない表現様式が用いられていたことが予測されます。また、観客をより意識した行動、つまり役者が観客と上演中に絡むこともありました。

二〇〇九年に来日公演を行った、イギリスのオールメイル劇団プロペラの話です。演出家エドワード・ホール氏は、一九九〇年代半ばに異性配役上演を思い立った理由として、「ナチュラリズムにがんじがらめにされていると感じたからだ（筆者訳）」と語りました。もともと異なった表現様式に合わせて書かれたシェイクスピア劇を、何世紀も後に確立したナチュラリズム的に演出することは、確かに無理があるのかもしれません。ホール氏は、現代風のコスチュームを利用したオールメイル上演を行うことにより、劇に内在する多くの可能性が解き放たれたと、劇団プロペラの成功について語っています。演出家森新太郎氏も、二〇二一年秋にパルコ劇場で上演された『ジュリアス・シーザー』のオールフィメイル上演について、「かねがねシェイクスピア作品は虚構性が立った方がおもしろい」と考えていたことを、異性配役という選択を行なった理由としてあげています。

オールメイル上演と観客

オールメイル上演について、観客の反応、受容と呼ばれるものに注目してみます。シェイクスピアの劇場グローブ座の跡地とされる、ロンドン・テムズ川南岸のサザーク地区に建設された新生グローブ座では、一九九七年の柿落《こけらお》としから約十年間、オリジナル・プラクティスという名のもとに、オール・メイル上演（ＯＰ）から、その逆のオール・フィメイル上演（ＯＰＦ）、そして異性配役が交ざった上演（ＯＰＭＧ）まで、様々な異性配役上演が試みられました。

一九九九年に上演された『アントニーとクレオパトラ』（ジャイルズ・ブロック氏演出）では、

初代芸術監督のマーク・ライランス氏自らがクレオパトラを演じました。当時三十九歳の男性によって演じられた「美女」が登場すると、観客席から押し殺した笑いが漏れます。これは、「パントマイム」と呼ばれるクリスマス・シーズンに上演される、子供向けの滑稽劇に登場する大柄の男装女性という伝統にも関連しているかもしれません。笑いを取るための配役であり、子供たちは、わざと高めの声を出す、変な「女性」を見て大笑いします。一種の条件反射なのか、または観客が異性配役自体に慣れていないのか、イギリスでは普通のシェイクスピア劇の上演でも、女装した役者は失笑を買うことがあります。

日本では、笑って良い、または逆に笑うべきではない異性配役がはっきりしています。歌舞伎や能、宝塚歌劇における異性配役の伝統ゆえに、明らかに観客が異性配役に慣れている、異性配役によって創り出された虚構の受け止め方を理解していると言えます。

ライランス氏のクレオパトラの場合は、クスクス笑いだけでは済みませんでした。一幕五場でアントニーへの恋心を語る場面では、観客から非難の言葉が発せられて、上演が中断されるという事件に発展しました。「なぜ（女性を演じては）悪いんだ」と尋ねるライランス氏と観客の論争が、この日の上演のログ・ブックであるショー・レポートに記録されています。この観客はオールメイル上演だと知っていたら観に来なかったと主張したため、チケット代を返金してもらって劇場を後にしたそうです。

公演期間が始まる前に、演出家のブロック氏は、「クレオパトラに扮したマーク（ライランス）を見た最初の衝撃の後は、ストーリーと登場人物の人生が重要になり、観客は配役のことを忘れてくれたらと思います（筆者訳）」と語りました。では、なぜわざわざ異性配役を行ったのでしょう。実際、劇評のほとんどは、男性や女性の壁も超えた人間としてのクレオパトラ表象の素晴らしさを称賛しています。イギリスにおける異性配役上演の劇評では、異性配役という舞台上の現実の否定が目立ちます。「性別が異なっていることが気にならないくらいだ」というのは、褒め言葉です。観客が異性配役であることを忘れてしまうくらい役者が素晴らしく、さらには男女どちらが演じても同様な、登場人物の普遍的な人間性の表象であったという結論に到達します。つまり、役者の異性を演じる演技ではなく、登場人物を演じる演技のほうが、役者の技量を測る尺度として用いられています。

私は、ライランス氏のクレオパトラについては、異性配役のおかげで、言語的に表現された「美」や「魅力」といった抽象的な観念が、観客の想像力をかき立てる形で伝わったと考えます。女形の最高峰にあると賞賛された六代目中村歌右衛門が、女形は現実の女性に近づけば近づくほど魅力が減少してしまうと発言したという話が思い出されます。これは、効果という点から見た虚構の現実に対する優位性を示唆しています。

生身の人間が「美」や「魅力」を表現しようとすると、個々の観客の好みという障壁にぶつかります。美醜の判断もその人次第ですが、魅力はというと千差万別な基準が存在すると思います。異性という全く異質で現実味を帯びていない、リアリズムに則さない役者の身体ゆえに、シェイクスピアのテクストにより創造された美女が、視覚的な現実に邪魔されることなく、観客に「美女」として感じられたのではないでしょうか。さらには、視覚により認識される外観、聴覚により認識される声と、登場人物の性別、外観の特徴との間の徹底的なずれが、高度な演劇性と舞台の面白さを強調したのだと思います。

日本のオールメイル上演の特異性

イギリスの異性配役上演事情から日本の場合を見直してみると、もう一つ目に付くことがあります。シェイクスピア劇全三十七作品の上演を目指して始まった、故蜷川幸雄氏による「彩の国シェイクスピア・シリーズ」という企画には、オールメイル・シリーズも登場しました。このシリーズを始める意図を問われて、蜷川氏は「カッコいい青年が女性も演じるという、妖しい魅力」という「付加価値」を加えたいと語ったそうです。まさにその通りです。異性配役という特殊な配役は、新しい創作の原動力として利用しない手はないのです。このことはイギリスでも同じなのですが、異性配役上演の受け止め方はかなり異なっています。蜷川氏がオールメイル上演で目指した「妖しい魅力」は、イギリスではクイア理論による分析の対象となっても、上演の魅力として論じられることはないかもしれません。

同性愛的なエロティシズムは、どちらの国でも仮定されますが、その後が違います。例えば、二〇〇二年（二〇一二年再演）のグローブ座における『十二夜』のオールメイル上演について、ジェイムズ・C・ブルマン氏はクイア理論を駆使した論考で、「劇の異性愛肯定をここまで明白に問題視した上演作品は他に見たことがない（筆者訳）」と結論づけています。

日本では、異性愛と同性愛を、デカルト以来の西洋思想の特徴である二項対立的に論じません。そもそも、男性性と女性性の境界線自体も比較的曖昧です。ヘテロの男性が、他の男性をかっこいいと思うことや、そのことを公に語ることが必ずしも同性愛と結び付けられない文化です。竹宮惠子氏の『風と木の詩』のような少年愛を扱った作品が、少女向けの漫画として発売された社会なのです。性社会・文化史研究家の三橋順子氏は、キリスト教圏の外に位置する日本では、異性装や同性愛に対して寛容な伝統があることを論じています。高度に発達した性別越境の文化が、能や歌舞伎、宝塚歌劇などの演劇の伝統と相関関係にあるという指摘です。現代日本の異性配役も、性別越境およびそれによって生じる舞台上のホモエロティシズムに関して柔軟な文化を反映しており、同性愛を禁じられたものという前提に基づいて論じるイギリスの文化とは異なっています。倫理的な問題意識なしに、同性愛的な妖しさが面白いと感じるのは、日本風の反応と言えます。したがって、日本の上演では、純粋に虚構性の強調や演出上の装置として、かなり自由に様々な異性配役が実施されており、同時に観客も異性配役を鑑賞することに慣れています。

『じゃじゃ馬馴らし』の上演

異性配役とは切っても切り離せない、ジェンダーに関する問題が最も顕著で、そのため非常に上演しにくいと言われているシェイクスピア劇『じゃじゃ馬馴らし』に話を進めます。タイトルから予想がつく通り、じゃじゃ馬という蔑称の使い方から、ジェンダーだけでなく人権という点からも問題を含んだ内容であることがわかります。

「馴らし」の対象となるのは、イタリアのパデュアの街に住むキャタリーナという女性登場人物で、じゃじゃ馬だという評判から縁遠くなっています。街の名士である父親のバプティスタは、お淑やかな妹のビアンカの求婚者たちに、まずは姉の相手が見つからなければ結婚は許さないと宣言します。そこに、求婚者の一人の友人であるペトルーチオが登場し、ちょうど結婚相手を探していたところなので、キャタリーナと結婚しようと申し出ます。一方で、パデュアを訪れたルーセンショーがビアンカに一目惚れします。こうして主筋と副筋の二組のカップルによる恋のゲームが繰り広げられます。ただし、キャタリーナとペトルーチオの場合は、後者がじゃじゃ馬である前者を馴らすという行為となります。最終的には、この二組にペトルーチオの友人ホーテンシオとお相手の未亡人も加わり、シェイクスピアのコメディらしい、集団結婚で芝居は幕を下ろします。

前述の『アップスタート・クロウ』ですが、第三シリーズの放送を前にして作られたティーザービデオ「史上最高の作家からのメッセージ」で、シェイクスピア役を演じるデヴィッド・ミッチェル氏が以下のように語ります。

……明らかに、私の書いた物はつまらない。四〇〇年前に書かれたものなんだから。ハムレットの台詞がちょっと長いのはわかるけれど、他に娯楽になるものがなかったんだ。もし今書いていたら、おそらく短いラップで終わらせただろうよ。その通り。私のジョークは面白くない。でも、君らの「爆笑」ミームが二五世紀になっても笑いを誘うと思う？私に言わせれば、今だって面白くもない。（筆者訳）

この後、作品が性差別的かという質問への答えとして、女性が文字通り男性の所有物だった時代に生きていたのだからという弁明を行います。四〇〇年以上昔に書かれた、つまり全く異なった文化とジェンダー認識の時代に属するのだから仕方がないという主張です。しかし、実際の上演時に、例えばペトルーチオがキャタリーナに食事を与えず、眠らせず、怒鳴り散らすという完全なDVの場面で、「観客の皆様、特に女性の皆様、四〇〇年以上前の芝居ですので、気を悪くなさらないでください」とでも解説を入れるわけにはいきません。有名なロンドンの劇評家マイケル・ビリントン氏が、この「野蛮で実に不快な芝居」はお蔵入りにして、二度と舞台に載せるべきでないと書いているくらい問題があるのです。

シェイクスピア劇を読む場合とは異なり、キャタリーナを差別的に扱うペトルーチオが、目の前の人間（男性）によって体現されているのが上演です。たとえ演じるという虚構の中の行為であることを意識していても、劇場のスペースを共有した観客は、生身の人間の行動を体験します。この知覚経験は、思考の上での理解とは必ずしも一致しません。ペトルーチオによるDVを全く価値観が異なった時代のものだと観客が考えて納得する前に、瞬時の知覚によってもたらされる感情としての不快感が残ります。舞台上での出来事を観客が体験するという上演の性質上、ペトルーチオ、彼に加担する他の男性登場人物たち、そして作者シェイクスピアのための言い訳をどんなに考えても、後味の悪い芝居であることに変わりはありません。

様々な取り組み

ところが、なぜか『じゃじゃ馬馴らし』は上演回数の多い戯曲です。十分な客足を確保できる、つまり観客に人気のある芝居だからです。これは、恐らくこの芝居が恋愛を含んだコメディであるというイメージゆえかもしれません。なぜか人気のあるこの劇を上演するにあたり、制作側はジェンダーの問題と向き合い、どのようにしてこの芝居を現代社会でも受け入れ可能にするかについて試行錯誤せざるを得なくなります。

一つの方法としては、シェイクスピアのテクスト内の小さなヒントに基づいた工夫がありま す。例えば、召使いの台詞から、ペトルーチオも相当気性が荒い人物であることがわかります。そこで、キャタリーナとペトルーチオは似た者同士という設定にして、個性的な男女、なかなかお互いにふさわしい相手に巡り会えなかった男女が結ばれるという、良くある恋愛ドラマのパターン、同じくシェイクスピア作の『から騒ぎ』のベアトリスとベネディックの場合に近づけます。他にも、イタリアを舞台にした劇であることを前面に押し出して、性的エネルギーに満ち溢れた情熱的なカップルの恋愛ゲームとすることを、多少の行き過ぎの言い訳にしている場合もあります。四〇〇年以上昔の劇が現代イギリス人にとって異文化ならば、いっそのこと外国人の話にしてしまおうという試みです。

グローブ座では、二〇〇三年にオールフィメイルの『じゃじゃ馬馴らし』(女性演出家フィリダ・ロイド氏演出)が上演されました。ペトルーチオ役を演じたジャネット・マクティア氏は、男性性の徹底的な強調を試みます。腕組みをして堂々と立ち、「男」同士で背中を乱暴に叩き合い、立ちションの真似までしてみせます。男らしさの演技は、男性の身体のパロディをもたらします。舞台上の生身の男性が生身の女性を酷く扱うことを再現していることが、上演時の不快さの元凶ならば、舞台から男性の身体をなくす配役を行うという試みです。その結果、脅

図1　劇団プロペラ『じゃじゃ馬馴らし』
キャタリーナ（Dan Wheeler）とペトルーチオ（Vince Leigh）
（Theatre Royal, 2013年　撮影：Manuel Harlan）

威をもたらさない、ペニスを持たない「ペトルーチオ」が笑いの対象となり、パロディ化された身体は、「男らしさ」のような男性性の虚構性を証明しています。

オールメイル劇団プロペラも、二〇〇六年（二〇一三年再演）に『じゃじゃ馬馴らし』を上演しましたが、異性配役に加えて、この劇が劇中劇であることに注目しました。プロローグと呼ばれる劇の冒頭では、クリストファー・スライという名前の酔っ払いが登場します。泥酔したスライを貴族の殿様にして崇《あが》めようというおふざけが企画され、その一環の献上芝居として上演されるのが、『じゃじゃ馬馴らし』だという設定です。このプロローグ部分は、エピローグの欠如、つまり芝居を観た後のスライに関するストーリーの結末がないために、上演時に省略されることがあります。ところが、プロペラの上演では、このプロローグが最大限に活用されています。幕開けにスライとして登場した役者は、酔っ払って眠りこけると、舞台上の観客にはならずにペトルーチオを演じます。そして最後に、目を覚ましたスライ／ペトルーチオの場面を追加しました。演出家ホール氏は、同時期に書かれた作者不明の劇で、基本的に同じストーリーを持った『ジャジャ馬馴らし』（とカタカナを含めて邦訳される劇）に存在するエピローグを利用し、シェイクスピア劇では途中退場するスライを最後に登場させることにより、枠組みを完成させています。ペトルーチオの「馴らし」という行為は、しょせん夢の世界の出来事であったというオチです。眠りから覚めたスライとして再登場したペトルーチオは、酒屋の主人から「家に帰らないと、奥さんに怒られるよ」と言われます。「大丈夫。どうやって（女房を）馴らすかわかっているから」と自信満々に答えると、「まだ酔っているの？　ただの夢だったのにね」と返されるのです（全て筆者訳）。

スタジオライフの場合

日本における『じゃじゃ馬馴らし』上演では、二〇一〇年に銀座博品館劇場で観た劇団スタジオライフのものが非常に印象に残っています（**図2**）。一九八八年以来男優のみによる上演を行なっているスタジオライフは、音楽劇『じゃじゃ馬ならし』と題された改作上演を行いましたが、特に最初と最後に挿入された「女はこわい！」というテーマソングが忘れられませんでした。男性の役者が全身白い出で立ち――シャーリング入りのミニスカートとレギンスに身を包み、頭には花がついたカチューシャ、手には手袋――でこの歌を踊りながら大合唱します。衣装だけではなく、ダンスの振付も可愛らしさを強調した、明らかに女性ダンサー用のものであり、女性アイドル・グループのパロディのようなパフォーマンスです。男性の役者たちは、本当に一生懸命、そして楽しそうに、可愛い若い女性として歌って踊っていました。しかも、中心で飛び跳ねているのは、ペトルーチオを演じていた役者です。舞台の後方には、トランプの絵札が一枚降りてきます。キングとクイーンが逆向けに合体しており、上がクイーンになっています。明らかに女性上位というメッセージを伝えています。

女性的な衣装に包まれた身体に注目すると、明らかに女性性を表現した衣装と振り付けでありながら、その女性表象は曖昧であることがわかります。リージーやキャタリーナを演じた時とは異なり、胸の膨らみや女性らしいヘアスタイルの鬘なしの男優たちは、男性と女性両方の記号をちりばめており、いわゆる「女装っ子」の完璧さは備えていません。この不完全さは意図的に思えます。

上演プログラムにおいて、スタジオライフの脚本家で演出家の倉田淳氏は、『じゃじゃ馬馴らし』が「どうしても好きになれない戯曲」であったと述べています。現代だったらＤＶになる行為や、クライマックスになる場面でキャタリーナが行う、男性の優位性と女性の従順についてのスピーチを考えると、ターゲットとする観客が女性のスタジオライフにとって冒険的な上演作品の選択であったはずです。また、演劇界の男女差別意識への対応策として本名から「子」を取ったペンネームを使用している、女性の倉田氏にとっては挑戦しがいのある作品であったことでしょう。倉田氏が上演台本で講じた工夫の要となるのは、ホール氏同様、劇中劇という枠組みの利用です。ただし、単に枠組みに留めずに別の物語を劇に被せて、酔っ払いのスライをリージー・ディクソンという女性に置き換えました。プロローグでは、女優志望のリージーは、役をもらおうと近づいた映画プロデューサーに騙されたことに気づきます。この寸劇の後、一部始終を見ていた「猫おばさん」と呼ばれる、地域猫活動を行う中年女性に慰められながら眠ってしまいます。

倉田氏により創られて、かつてスタジオライフに所属した林勇輔氏（二〇一五年退団）によって舞台上に具現化されたリージーという登場人物は、キャタリーナよりも年上で、姉御肌の女性です。キャタリーナと同様に、「気の強い女性」と非難される彼女は、男性との恋愛で嫌な思いを何度も経験済みです。当初キャタリーナを「あんな生意気女」と呼びますが、徐々に彼女の置かれた状況に同情し、最終的にはもう一人の自分であることを認識します。プロローグにおいて男性社会での生きにくさを示したリージーは、観客とキャタリーナを繋ぐ重要な役割を担っています。夢の世界である劇中劇の展開に関わり、舞台上の観客として現代からの目線も添えるからです。従って、観客の共感を得ることのできる人物としての、林氏のリージーの表象が重要です。毒舌のリージーは、気っ風が良くて、かっこいいと同時に、決して完璧ではないゆえの可愛さも備えた、好かれる人物となっています。一方、オールメイル上演ですから、見事に女装していても、観客には男性としても知覚されます。従って、彼女（彼）は単にかっこいい女性だけではなく、女性の間で人気のあるオネエタレントのように、わかってくれる男性にも重なります。

さて芝居の中身はというと、原作の筋からの逸脱はあまりなく、基本的に女性翻訳家松岡和子氏の訳にも忠実です。キャタリーナが貞淑と従順を説く一番厄介な最後の場面も、そのまま劇のクライマックスとして残してあります。「夫はあなたの主人、あなたの命、あなたの保護者、あなたの頭、あなたの君主」と語る原作の英文で四十四行にもおよぶスピーチは、「四〇〇年前の芝居だから」という言葉を呪文のように唱えても、女性にとってはなかなか聞き流せない内容です。ちなみに、「生きるべきか死ぬべきか」で有名なハムレットの第三独白は三十五行ですので、このスピーチはかなりの長台詞であることがわかります。今まで誰にも耳を傾けてもらえなかった（これも典型的なＤＶです）キャタリーナが、とうとう全員の前で発言を求められて四十四行も話すという点に、倉田氏は注目したのだと思います。このような原作の解釈を強調するために、さらにリージーに「勝負よ」と言わせます。本来ならば、共感を得ることが困難な台詞を逆手に取り、言葉による抵抗、キャタリーナが言葉を発することにより男性よりも優位に立てることを主張します。言葉のパワーの強さを最もよく理解している、劇作家で脚本家の倉田氏による解決策です。

それでは勝負の勝敗はというと、言葉ではなく、ペトルーチオのジェスチャーで示されます。原作の最後の場面の後で、キャタリーナと連れ立って再登場したペトルーチオは、踏みつけさせた帽子を持ち上げると、ゴミを払い、キャタリーナの頭に優しくかぶせます。そして、彼女の肩を抱いて二人で舞台を去ります。勝ったのは（馴らされたのは）、どちらでしょうか。

続くエピローグでは、目を覚ましたリージーが女性として強く生きていくことを宣言します。劇中劇の枠組みによる、もう一人の主人公であるリージーの立ち直りの物語は、女性の味方の男性からの、女性へのエールなのかもしれません。

虚構の女の子たち

オールメイル上演では、女性たちは男性の身体を媒介にした、二重に虚構の人物です。溢れるエネルギーと身体性、動の演技を特徴とするスタジオライフの役者たちは、立ち姿や歩く姿に漫画やアニメの女性登場人物というフィクションの世界の女性表象、そして同様に虚構のものである女性アイドルの表象を取り入れています。手を前で合わせる祈りのポーズ、両腕を広げて脇をしめた可愛いガッツポーズ、嬉しいことを表現する片足上げなど、わざとらしい動作、つまり虚構を創り出すもとが現実の女性ではなく、他の虚構からの転用になっています。現代日本における女性性と認識される、リアリズムの演技から離れた不自然な動きを取り入れた、ある種の型が使われています。「可愛い女性」を表象するためのモデルが虚構の女性であれば、理想化された「可愛い女性」の女性性も所詮作りものとして知覚されます。

オールメイルによる虚構性は、スタジオライフの男優が、無理に声で女性性を表現していないことにより、さらに強調されています。海外の研究者から指摘されて気づいたことですが、言われてみると歌舞伎に見られるような音声上での女性表象は省いてあります。日本語は男女の差がわかる言語なので、あえて無理をして女性の音域を出そうとする必要がないからかもしれません。

生身の女性をモデルにする代わりに、現代文化、それもサブカルチャーに由来した異性は、虚構性が強調された存在になります。演じている男性の役者の身体を通して、この虚構性が前面に押し出されることにより、演じられている女性に女性としての生々しさがありません。これが、一種の理想化された女性の身体になります。クレオパトラの美について申し上げたように、男性によって表現された虚構の「可愛い女性」は、誰にとっても可愛いのです。観客自身の「可愛さ」のイメージが投影されるからです。客観的に可愛いだけではない「可愛さ」が伝わります。キャタリーナが女優によって演じられる場合、役と役者は重なって、演じている役者を知覚した際の感情が生じます。異性配役の作りものの女性は一つの抽象となり、感情移入がしやすい存在になり、劇の世界が観客に近づきます。他にも「理解してもらえない女性」だとか、「(自分がなってみたい) サバッとしたかっこいい女性」が、観客の評価基準次第ですり替えられます。男性が演じているからこそ、身体的に存在する女性への印象に縛られず、創られた女性に共感できるとは考えられないでしょうか。

二〇一五年の『夏の夜の夢』の再演時に、観客のアンケート調査を行いましたが、劇団の魅力の一つとして、倉田氏の世界が好きだからという回答が目立ちました。現実からかけ離れた世界を楽しめるから、という回答も結構ありました。オリジナル脚本もありますが、既存の作品を女性目線から創り直すことも多い、倉田氏の脚本及び演出は、多くの女性ファンの支持を受けています。さらに、男性の身体を媒介にすることも、女性の共感を得やすくしているのだろうと考えます。

女はこわい?

さて、例のテーマソングに戻ります。大団円《だいだんえん》後に「女はこわい!」を繰り返すことにより、キャタリーナのスピーチは、ペトルーチオを射止める（手なずける？）ための策であったことが再確認されます。プロローグとエピローグの外側の、もう一つの枠組みとも言えるテーマソングですが、引用の通り、女性の本音の告白ということになっている歌詞には相当毒気があります。

女は　こわい生きものなの／仕方が　ないの　どうしても／生き抜く　ためなら　どんなことも／いとわず　やるわ　したたかに
ご用心　召しませ　花咲く　バラの刺／香《かぐわ》し　香りに　毒を秘め／奥の手　真珠の涙
ハラハラと／ソトヅラ　やさしさ　ソトズラ　かよわさ／たまにカマトトも　アー　忘れない
ソトヅラ　やさしさ　ソトズラ　かよわさ／たまにカマトトも　アー　忘れない
女は　こわいのよ／波風　たてず過ごすには／何より　コミュニケーション大事／それだけ　秘訣　心得て

この場面には、何度ＤＶＤで見直しても圧倒されます。でも、社会で上手に立ち回る女性の賛歌は、どう受け止めるべきなのでしょうか。文字通りのアドバイス、歌詞を書いた倉田氏からの若い女性への教訓であったなら、何だか重くなってしまいそうです。「うまくカマトトになりましょう」と言われて共感できるかどうかは悩ましいところなので、内容的には女性にと

図2　劇団スタジオライフ『じゃじゃ馬ならし』（銀座博品館劇場、2010年）

って許容範囲ギリギリのように感じます。また、厳密にフェミニズムの立場から考えると、現状を容認した上で手段を説いているようなので、敗北主義的だと言われる可能性があります。

一方で、最後のスタンザは、男性への警告になっていますが、胸の膨らみのない中途半端な女装をしたペトルーチオたちは、自分たちへの教訓として歌っているのでしょうか。はたまた、大多数が女性である観客のために、男優たちは女性として演技しているのでしょうか。どちらと取るかで、テーマソングは異なって聞こえてきます。これは、異性配役だからこそ生じる迷いです。

観劇という体験では、知覚が処理された瞬間に感じたことはその瞬間に属しています。異性配役上演の不思議さと面白さは、登場人物と役者の身体の相違によって、観客が認識する身体、私が第三の身体と呼んだものが、制作側の意図通りにならなかったり、観客の間で異なっていたり、または第三の身体として認識されなかったりする可能性が高いということにあります。普通の配役よりも、多くのわからないこと、その場で処理できないことが残るかもしれません。白いミニスカートを穿いて可愛い女の子用の振り付けでダンスを踊る、スタジオライフの男優たちを見て何を感じるか、可愛い女性性を目一杯前面に押し出した男性たちの身体を意識した瞬間、何を感じるかは人それぞれです。リアリズム的な配役で演じられた場合と比べると、単純ではない複雑な知覚経験が存在します。異性配役は、観客の知覚により多くの負荷をかけますが、それだけに忘れられない体験になることでしょう。

特殊な配役のさらなる可能性

シェイクスピア劇ではありませんが、倉田氏は、舞台上に創られる虚構性をさらに強調した試みを行なっています。二〇二一年上演の『ぷろぐれす』と題された作品は、『若草物語』に案を得て、戦争の足跡が聞こえてくる昭和初期の日本を舞台にした作品ですが、年齢を無視した冒険的な配役が試みられました。一番年上の男優が一番年下の四女を演じ、役の年齢が上がるにつれて役者の年齢が反比例して下がるという、非常に珍しい配役です。私の知っている限りでは、イギリスでも日本でも、年齢に関して完全な反「タイプ」の配役の例は見聞きしたことがありません。また、中年男性が演じる少女という、イギリスでは完全な笑劇にしかならない上演、観客が虚構性に圧倒されるかもしれない上演でありながら、四姉妹の心の葛藤と人間模様を感動的に伝えています。蜷川氏の語った「妖しい魅力」とは異なった魅力ではありますが、特殊な配役の可能性をさらに推し進めた、明らかに大いなる「付加価値」を備えた上演でした。年齢や性別を無視した配役による虚構性は、もちろん実験的なところもあり、残りは第三の身体を認識する観客に任せたオープンエンドです。それはずるいのではなく、その場の芸術、「事故」が起こりうる芸術である演劇の結末を観客のために取っておくことであり、最後の楽しみを観客に委ねるということでもあると思います。

〔付記〕本研究は、JSPS科学研究費JP21K00401の助成を受けて行われました。また、二〇一八年一〇月十三日に、第五十七回シェイクスピア学会にて発表した論文に基づいた部分も含まれます。

第七章　稚児と〈男の娘〉

伊藤慎吾

「秀吉は性別が『秀吉』で良いと思う。男とか女とかじゃないさ」
（『バカとテストと召喚獣』２）

前口上

室町時代のお伽草子稚児物については第三章で詳述されているが、本章でも違った側面から取り上げることで、現代文化との関係性を見ていきたい。すなわち文学としての受容ということではなく、表象化された萌える女装男子として、〈男の娘《おとこのこ》〉と稚児との共通の心性の問題を考えてみようと思うのである。

〈男の娘〉についてはご存じない人も多いだろう。端的に言えば、すなわち萌える男の子キャラクターのことである。女装していることが多いが、絶対条件ではない。大切なことは、見るものをして萌えさせる存在、言い換えれば愛でたくなる存在であることである。現実的には実現困難であるが、創作の世界では容易に実現する。そういうわけで、ファンタジー要素が濃厚である。ところが、次第に二次元の境界を飛び越えて、その使用範囲が現実にまで拡大し、リアル女装男子に対しても用いられるようになっていった。そして、女装男子自身も〈男の娘〉を自称するようになり、現在に至る。

本章で考えてみたいことは、拡大したリアル〈男の娘〉を現実的地平でどう捉えるかということではなく、あくまで小説をはじめとする二次元世界において表象化された〈男の娘〉と、かつて室町人が愛でた稚児とに通底する心性である。

ところでその共通性は、結果として認められるもの、つまり後付け的に読み取ることができるものである。その一方で、本章ではもう一点、取り上げたいことがある。それは昭和戦後期に室町時代の絵巻物であるお伽草子『稚児の草紙（草子）』が注目されるという現象が見られたことである。まだ性の多様性のタの字も認められていなかった時代、当該絵巻を求め、複製し、現代語訳し、舞台上演をするという動きがあった。今日のように女装を多様な自己表現の一つとして受け入れやすい状況ではなかったにもかかわらず、否、それだからこそ果敢に既成の価値観の解体のツールとして利用したのだった。主体的に稚児を現代社会に関わらせる文化的営為であったとも評せるだろう。

以下ではこの二点、すなわち表象化された女装男子としての〈男の娘〉と稚児、それから『稚児の草紙』の受容史について論じていきたい。本章では特にライトノベルに描かれる〈男の娘〉に紙面の多くを割くことにしたい。というのも、本書の読者の多くは恐らくライトノベルの作品群を読書対象としていないと思うからである。また、このジャンルの作品は概して短命で、一〇年前の作品は新刊で入手することがむつかしい。ましてや一九九〇年代の作品となると、まんだらけや駿河屋に出品されるのを気長に俟《ま》つしかないことも少なくないのである。

そういうわけで、本章の前半ではライトノベルにおける〈男の娘〉をなるべく詳しく取り上げ、その特色を理解していただく。後半、それを踏まえて稚児との関わりや『稚児の草紙』受容について述べていくことにしたい。

では、前口上が長くなったが、まずは〈男の娘〉がブームだったころのオタク文化の雰囲気を示すところから始めよう。

二〇〇九年のコスプレ広場

二〇〇九年夏のコミケットを覚えている方はいるだろうか。僕は東・西両館を回ったあとにコスプレ広場を見て回っていた。

東方の日（だいたい二日目）は圧倒的に東方コスが多かった。「東方」とは東方 Project のことで、上海アリス幻樂団（ZUN氏の個人サークル）の制作する同人ゲームのシリーズを指す。同人文化において圧倒的な人気と存在感を誇り、イラスト、漫画、音楽、コスプレをはじめ、広範囲に二次創作が行われている（ニコニコ動画やユーチューブで「ゆっくりしていってね」というフレーズとともに、饅頭顔の女の子が二人描かれているのを見たことのある人も多いだろう。そのキャラクターのオリジナルを作ったサークルである）。その東方以外はアニメキャラクターが主流であるが、この年の夏はハルヒ（『涼宮《すずみや》ハルヒの憂鬱』）とテニプリ（『テニスの王子様』)、『銀魂《ぎんたま》』が多かった。そして、面白いことに、テニプリは女性の男装コス、そして東方やハルヒは、そのほとんどが男性の女装コスであった。そうなのだ。異性装が当たり前に行われ、その状況を誰も不思議に思わないのだ。そうした性質の空間が当時のコスプレ広場だった。

東方のオンリーイベント(=対象を一つに限定した同人イベントのこと)、たとえば例大祭などもそうだが、こうしたイベントでは圧倒的に女装コスが見られる。当時のテニプリやハガレン(『鋼《はがね》の錬金術師』)のオンリーイベントでは、東方とは反対に、そのほとんどが女性の男装コスだったはずだ。

そして、イベント会場を出て帰路につくたびに感じるのは、会場内が現実社会と隔絶しているという感覚である。りんかい線に乗り、大井町駅、大崎駅と停車するたびに参加者の姿が消え、入れ替わるように普通の人たちが乗車してくる。徐々にお祭り気分が消え、車内も日常の情景に戻っていくのだ。異性装が当たり前の空間が日常の空間とは全く異質なものだったことを思い知る瞬間でもある。ジェンダー概念が解体していけば、いずれ、こうしたハレとケの場の質的違いが感覚的に共有できなくなるかもしれない。

二〇〇九年当時は〈男の娘〉がブームであった。当時、〈男の娘〉は女装した男子全般を指す言葉ではなかった。萌えるキャラクターと見られることが求められた。ノベルや漫画、ゲーム、イラスト等の二次元であれば、萌えキャラとして自然と成立する。しかしリアルで女装をしても、即〈男の娘〉でございぃ、ということにはならない。見る側の評価が重要だったのだ。だからリアルでは二次元の萌えキャラを指向した女装が表現された。まず当時の〈男の娘〉を「二次元の萌えキャラを理想とした美少女に見まがう男子」と定義しておこう。

それから随分と時が経った現在、二次元キャラクターとして〈男の娘〉が登場したとしても、いろいろなタイプのキャラクターの一人というだけで強烈なインパクトを与えることはなくなった。古代神話まで扱っている本書の企画からすれば、二〇〇九年というのは本当にごく最近の時期になるが、それでも現代に生きる人間として、十年一昔という言葉もあるように、隔世の感があるのだ。〈男の娘〉という存在も当時とはだいぶ質が違ってきていて、たぶん今は、「〈男の娘〉なんて、ただの女装キャラじゃないか」というくらいの感覚で捉えられるほど、その意味が弛緩している。しかしまずは、そういう感覚がその後の十有余年の日常生活の中で刷り込まれた新しいものだということを認識していただきたい。

〈男の娘〉ブームの周辺

この時期、インターネットによるコミュニケーションが浸透し、個人サイトは個人ブログの形式やそのフォーマットを使ったかたちに移行していった。ミクシィによるコミュニティ活動も盛んであったが、次第に会員登録を必要としない、より開かれたTwitterへと流れて行った（ばるぼら、さやわか『僕たちのインターネット史』亜紀書房、二〇一七年参照）。そして二〇〇七年、イラスト投稿サイトpixivのサービス開始によって、イラスト投稿のハードルが一段と下がり、誰もが容易にクリエイター気分を味わえるようになった。

とりあえずイラストを描いて楽しもうと思った時、アニメやゲーム、漫画のキャラクターを二次創作するのが簡単な方法である。それに物語性を加えていけば、自分の願望ダダ漏れのストーリーが完成する。ただ、二次創作は、大抵の場合、作品世界を共有できなくては面白さを共有できない（ハルヒのパロディは本編の内容を知らなければ、パロディとして楽しめない云々）。しかし、現実世界に存在するものを擬人化してキャラクターとして動かすのであれば、誰もが共感できる。

もともと、一九八〇年代後半頃から女性の同人作家を中心に、ドラえもんやアンパンマンを擬人化させてやおい本（のちのいわゆるＢＬ本）を作ることが行われていた。そこから特定の作品世界という枠組みを取り払い、擬人化の対象を現実世界に広げれば、山手線と京浜東北線のカップリングで物語を紡ぎ出そうという発想なども生まれるわけだ。

本書のコンセプトに即して古典の継承に目を向けると、室町時代のお伽草子の世界と非常に近い発想が認められる。室町時代には人間以外のものたち――鳥獣虫魚、草木が擬人化され、彼らの社会における恋愛やバトル、人生が数多く描かれるようになった。つまり人間以外のものたちの人生が開拓されていったのだ。鷺《さぎ》の姫君に鴉《からす》が振られ、その腹いせに合戦をしかける『鴉鷺合戦物語』、蛤《はまぐり》の姫君をめぐる三角関係から合戦が起こる『鮑《あわび》の大将物語』、吉野の桜の姫君をめぐる花たちと樹木たちの合戦を描いた『墨染桜《すみぞめざくら》』など、恋愛とバトルがセットの趣向が好まれた（伊藤慎吾『擬人化と異類合戦の文芸史』三弥井書店、二〇一七年）。ただ、現代と異なり、異性愛の作品ばかりである。しかし、お伽草子作品は今でも新出資料が発掘されている。稚児物の受容を考えれば、将来、稚児物の擬人化作品が見つかるかもしれない。

他方、既存のキャラクターの性を男から女へ変換して新たなキャラクターにすることも、同時期に盛んになった。女体化がそれだ。〈女体化〉は〈男の娘〉があくまで異性装であるのに対し、キャラクターの性を変換することが絶対条件となる。その上で、先天的／後天的などの設定上の差異がある。当時好んで女体化が行われたキャラクターは、キョン（『涼宮ハルヒの憂鬱』のメインキャラクター兼ナレーターの男子高校生）やルルーシュ（『コードギアス』）などの版権物が主流だったが、織田信長やアーサー王など歴史上・伝説上の人物も多く行われた。

このように、擬人化や女体化は、新しいキャラクターを造形する一種の手段としてもてはやされ、二〇一〇年前後にブームの様相を呈するほどとなった。作り手／受け手双方の共有知を前提とする対象がモデルとなっているから、共感を得やすいのである。〈男の娘〉ブームはこうしたインターネット文化と連動した同人文化の中で盛り上がっていった。ただ、鉄道の擬人化の際に、ある鉄道を〈男の娘〉と設定することはあっても、キョンやルルーシュを〈男の娘〉として創作するといったことは行われなかった。彼らは女体化の対象だったのだ。〈男の娘〉と女体化は、造形された結果は男性を前提とする女性キャラクターという点で一致するが、求められるものが違ったのである。

女体化の条件は、そもそも既存の男性キャラクターがいなくてはならない。多くは物語上のキャラクターであるが、それには歴史上の人物も含まれる。それが初めから女体化した状態で登場するか、ストーリー展開上男から女に変わるかの違いはあるが、いずれにしてもオリジナル〈男〉との差異が魅力になる。一方で〈男の娘〉は既存のキャラクターを必要としない。鉄道やスウィーツ、寿司ネタ、祝祭日など無性のものまで〈男の娘〉と設定する。

つまり、〈男の娘〉と女体化は似て非なるものであって、同列に語られるものではない。女体化がキャラクター設定であるのに対し、〈男の娘〉とは萌え要素・萌え属性ではないかと思う。当時、〈ツンデレ〉や〈ヤンデレ〉〈クーデレ〉〈僕《ぼく》っ娘《こ》〉など、萌える性格を記号化することが盛り上がっていた。そうしたキャラクターを作り、過去作品に同類を求め、キャラクターを愛でることがしきりに行われたのである。そうした性格の一つとして〈男の娘〉を位置付けたほうが納得がいくだろう。だから二次創作では行われず〈パロディとしてストーリーに仕込むことはあっても）、むしろオリジナル作品に〈男の娘〉が出ることを歓迎し、彼（女）にファンが付いたのだ。『WORKING!!』（二〇〇五〜二〇一四年）という、ファミレスでバイトをする男子高校生小鳥遊《たかなし》宗太を中心とする日常生活をコミカルに描いた漫画・アニメがあった。そこでは、宗太がかなりクオリティの高い女装をしてツンデレのヒロイン（ことりちゃん）と化すが、彼（女）などは男女ともに人気の高いキャラクターだった。

もっとも、〈男の娘〉と女体化と、この二つに重要な共通点があることも見逃してはならない。それは、どちらもリアルではなく、二次元から生まれたものだということである。したがって、コスプレであれ、プライベートであれ、リアルで〈男の娘〉を表現しようとした時、女装男子は二次元キャラクターを理想としたのだった。

〈男の娘〉の専門誌・図書の出現

さて、商業誌／同人誌、あるいはSNSやネット上で、漫画やイラスト、小説、ゲームの中で〈男の娘〉が盛んに話題にされていたところ、徐々にリアルの女装男子に対してもこの語を用いるようになっていった。先に触れたように、この頃からコミケットなどの同人誌イベントにおける女装コス人口は相当なものになっていた。漫画やアニメファンを主とするイベントの一環として開催されるコスプレなのだから、当然、そこに集うレイヤーもお気に入りのキャラクターになりきるつもりで表現する人が多い。そしてそこから〈男の娘〉をタイトルに付けたコスプレ本も出るようになり、さらには書籍のかたちではなく、ロム版（CD、DVD）も現れ、二〇年代の現在に至る。つまり二次元からリアルの社会に浸透していったわけだ。

これらのいわゆる「薄い本」（同人誌）はリアル〈男の娘〉コスプレを中心とするものだった。この動向からうかがわれるように、リアルでも〈男の娘〉を全面に出す女装男子が増えていった。ここに至って二次元キャラクターのコスプレとしてではなく、自己表現としてのオリジナルの女装＝〈男の娘〉が立ち現れた。すると、女装男子と〈男の娘〉と一体何が違うの？という疑問が出始めるようになったわけだが、他方で従来の女装家が〈男の娘〉志向の女装に違和感を感じる事態になった。これは〈男の娘〉がひとえに二次元に起源を持ち、女装家や女装願望を抱く人たちに、二次元キャラクターを規範としようとする動きが起こったこと、言い換えれば、リアル女装の流れに二次元の〈男の娘〉が合流したことによるだろう。

単にオタク層だけでなく、リアルに〈男の娘〉が浸透していった結果、〈男の娘〉になるためのガイドブックも次々に出されるようになった。

これらに共通することは、いずれも〈男の娘〉を売りにしていることだ。『オンナノコになりたい！』（全三編、一迅社、二〇〇七～二〇一〇年）、『女の子の声になろう！』（全二編、秀和システム、二〇〇九～二〇一一年）などの〈オンナノコ／女の子〉は〈オトコノコ／男の娘〉を意識したものだし、『ひとりでできるもん』（メディアックス、オークス、二〇〇九年）、『ふたりでできるもん』（同、二〇一〇年）は、それぞれサブタイトルを「オトコのコのためのアナニー入門」「オトコのコのための相互アナニー入門」としている。「男の娘」を「おとこのこ」と読めない層も想定読者とした結果、「オトコのコ」と表記したものだろう。

　これらと同種の女装の表現技術や性愛指南に関しては、それ以前にも各時代各時代、書籍や雑誌記事として世に現れた。ただ、表面上、二次元志向にシフトさせたところに新時代の感覚があった。実際、右に挙げたガイド本はいずれも表紙がイラストであって、リアル女装男子をモデルにしていない。二次元の〈男の娘〉をモデルとし、リアルで二次元のイメージを表現するという発想が根幹にあったことは、ここからも読み取れる。異性装の歴史における〈男の娘〉の意義は、このリアルと二次元の逆転を実現したことにあるだろう。

図1　『おと☆娘』4（ミリオン出版、2011年）　本誌ではニーソックスやスク水などの付録が付いた。

かくして一〇年代に入ると、〈男の娘〉についてはすでに大きな需要層が形成されており、同人界のみならず、商業誌の領域でも広がりを見せるようになっていた。『おと☆娘《にゃん》』(図1)や『わぁい！』などの専門誌も創刊され、それらは前掲書籍と同様、街の本屋の店頭に並ぶ勢いとなった。一〇年代初頭はまさに〈男の娘〉ブームの只中にあったと言っても過言ではないだろう。

ライトノベルとその周辺

ここで二次元の分野としてライトノベルを見ておこう。

ライトノベルはティーンズノベルの一種で、およそ一九八〇年代に漫画・アニメ・ゲームを楽しむ一〇代男子を読者層として開拓され、漫画・アニメ・ゲームのノベライズやそれらの雑誌に掲載される小説を主な種子として花開いていった。ゲーム雑誌『コンプティーク』掲載の『ロードス島戦記』がRPGのリプレイ(実況)から生まれたことは象徴的だろう(マーク・スタインバーグ監修『『ロードス島戦記』とその時代 黎明期角川メディアミックス証言集』KADOKAWA、二〇一八年)。角川書店がスニーカー文庫をライトノベル専門のレーベルとし、電撃文庫を創設し、アスキー系のアスペクトが『ファミ通』からファミ通文庫を作った(のちにKADOKAWAから出版)。エニックス(現スクウェア・エニックス)もまた、エニックス文庫を作って『ドラゴンクエスト』のノベル版などを出版し始めた。

コバルト文庫などの少女小説に遅れ、男子向けのエンターテインメント小説レーベルが現れた。これがライトノベルとして成長していったのだが、二〇一〇年前後になると、さまざまな出版社が同様の文庫版のレーベルを出すようになっていた。一方で一九八〇年代、九〇年代に一〇代だった読者も社会人となり、さらには女性読者も増え、ライトノベル業界は大量生産・大量消費の様相を呈していた。そうした中で作家たちは特色ある作品を発表して差異化を図った。時代の需要に応えるべく、メディアミックスしても映えるツンデレやヤンデレ、僕っ娘などの萌えキャラを作り出した。そうした中に〈男の娘〉もあったのだ。

——あいつは男なんだぞ
——だが、それがいい！

これは当時のツッコミとリアクションの基本対応パターンであった。〈男の娘〉が登場する作品にはおおよそこのような受け答えが見られたものである。

そもそも〈男の娘〉と言われる所以を考えてみると、単に女子の格好をしているということではなく、男子だけれど女子っぽい要素があるということだろう。女子っぽさの表現として女装を捉えるならば〈男の娘〉といっていいだろう。しかし、たとえば学園祭等のイベントで人を笑わせる道化的な意味合いで女装するだけならば、それは〈男の娘〉とはいわない。昭和時代の「ヘンタイ」「オカマ」という嘲笑の対象である。

　この時期を代表する学園ラブコメ作品に『バカとテストと召喚獣』がある。その第六巻では肝試しイベントが描かれている。そこで主人公の高校生吉井明久らを敵視する坊主頭の高校生夏川俊平が「全身フリルだらけの、ゴシックロリータファッション」で登場する（一三〇頁）。これを見た生徒たちは恐怖と不快感をおぼえ、阿鼻叫喚、罵詈雑言で騒然とするエピソードだ。

　これは極端な例だが、このように、一〇代男子が押し並べて〈男の娘〉となれるわけでない。女性的に見えることが絶対条件だった。〈男の娘〉に広く見られる外見上の特徴はもちろん女装するということである（ただし二次元キャラクターでは女装は絶対条件ではない）。それはつまり女の子でありたいという内面の表れ、あるいはメタレベルでは、当該キャラクターを女の子として見せようという設定なのである。作品解釈では〈男の娘〉という表現は、主に読者が見て萌える時のいわば評語という性格が強いことも重要な点だろう。自身で〈男の娘〉だというのと、〈男の娘〉を享受する人々の間での認識とにズレが生じる。女の子として作中人物の多くを、またわれわれ読者を萌えさせる要素をもっていることが二次元における〈男の娘〉の本質であろう。

　ところで、ゼロ年代当時の二次元キャラクターとしての〈男の娘〉は、漫画・アニメ・ゲームにおいて散見されるところである。古くは一九八〇年代の傑作漫画『ストップ!!ひばりくん！』の主人公大空ひばりがその典型だ。またこの時期アニメ化された著名な作品では『まりあほりっく』の主人公祇堂鞠也、『みなみけ』の真（マコちゃん）などがよく知られるところだった。

ゲームでは成人向けADV（いわゆるエロゲー）の領域で一九九〇年代からある程度の需要があったように思われる。とはいえ、当時はとくに〈男の娘〉に相当する表現はなかった。現実においてはニューハーフが持てはやされていた。そこでニューハーフをヒロインとするゲーム『HALF・PIPE』（AyPio、一九九三年）が生まれた時期である。ついで翌一九九四年に発売された『不揃いのレモン』（ボンびぃボンボン！）が話題になった。〈男の娘〉ブーム当時の評価の一つに「本作ではニューハーフと表現されていますが、いわゆるニューハーフとも少し異なるように思いますし。見た目は美少女なのですから、今だったら男の娘と表現されるのでしょうね」というものが見られる（katan「不揃いのレモン」『ADVGAMER』。最終更新は二〇一五年九月一六日だが、記事自体は二〇一一年初出。https://advgamer.blog.fc2.com/blog-entry-1320.html）。

作品コンセプトとしてではなく、キャラクターとして女装男子を登場させる作品は散見されるが、その中で二〇〇二年の対戦型格闘ゲーム『GUILTY GEAR XX』（アークシステムワークス）のブリジットは〈男の娘〉オンリーイベントで中心的なキャラクターとして扱われるほどの人気を誇った（堀口祐貴「男の娘ってなんでできてる？」『SUB & MINOR』一、二〇一一年四月）。

こうして「男の娘」という語が使われだすようになるゼロ年代、『処女《おとめ》はお姉《ボク》さまに恋してる』（キャラメルBOX、二〇〇五年）というヒット作が現れた。女子校に通うことになった主人公男子をめぐる学園ラブコメで、アニメ化もされて人気が高かった。他にも『おとこの娘はおんなの娘が好き』（可憐ソフト、二〇一〇年）のようにタイトルにはっきり銘打つものも出た。さらに『ぷる萌えンジェル　アイドルあいこ』『Pure my 妹ミルクぷるん』（ともにCAGE）のように、〈男の娘〉萌えを前面に出すソフトが見られるようになったのである。

ライトノベルの領域でもまた事情は同じようだが、主人公が〈男の娘〉で、〈男の娘〉であるがゆえにドラマが発生するというストーリー展開をもつ作品はゼロ年代後半に目立ってきた。少し古い作例としては『がく×ぶる』『蒼海ガールズ！』『カーリー』『少年舞妓・千代菊がゆく！』などが挙げられるだろう。そして後半では『MiX！　オトコの娘はじめました』『お嬢様のメイドくん』『カワイイお兄ちゃんなんて大キライ！』などがある。

一方、女性向けでも『男子キャバクラ　純情うさぎ』『ゆるゆる男子の花婿選び』『アイドルになんかなりたくない！』などの作品がBL作品の一種として現れるようになった。このほか、ライトノベル作品におけるサブキャラクターとして、『えむえむっ！』の葉山辰吉、『オオカミさんシリーズ』の田貫まこと、『影執事マルクシリーズ』のクリストファ・マルドゥークなどが見られる。

このように、〈男の娘〉はライトノベルにおいて、二〇一〇年前後にキャラクターとして登場することが定着したものとみてよいと考える。ではどういった傾向が見られるのだろうか。以下ではライトノベルを主とするエンターテインメント小説（少女小説やジュブナイル・ポルノも含める）における〈男の娘〉について、いくつかの所見を述べていきたい。

ライトノベルの〈男の娘〉

まずは管見《かんけん》に及んだ作品を表に示しておこう（**表1**の網掛けした作品）。〈男の娘〉ブームの二〇一一年を下限とし、女体化も併せる。

先駆的な作品としては『スレイヤーズ』よりも先行する『未来放浪ガルディーン』がある。その後一九九八年に改訂版が出ている。この時期はもちろん〈男の娘〉というタームはないし、女装男子をヒロインとする作品はマンガであっても稀有であった。ただ『ストップ!!ひばりくん!』によって、今日に通じる〈男の娘〉キャラクターの魅力が開拓されていたから、ポップカルチャー全般からみれば特に重要とは思われない。しかしライトノベルの範疇からすればやはり先駆的作品として高く評価してしかるべきだろう。

以下、いくつか気づいたことに触れていく。まず、タイトルから〈男の娘〉を扱ったことが知られるものとしては『お嬢様のメイドくん』『少年舞妓・千代菊がゆく！』『男子キャバクラ純情うさぎ』『ＭｉＸ！　オトコの娘はじめました』『ゆるゆる男子の花婿選び』くらいであろうか。この中で『ＭｉＸ！』は「オトコの娘」というワードをサブタイトルに付けており、明らかに〈男の娘〉物を売りにしていることが分かる。

次にネーミングについては、中性的なものが目に付く。田貫まこと（『オオカミさん』シリーズ）、雪風（『お嬢様のメイドくん』）、美千緒（『がく×ぶる』）、雪国（『ＳＨ＠ＰＰＬＥ』）、美智也（『カワイイお兄ちゃんなんて大キライ！』）、美希也（『少年舞妓・千代菊がゆく！』）、真季（『男子キャバクラ　純情うさぎ』）、倫（『放課後の魔術師』）、祭（『僕たちは監視されている』）、クリス（『迷い猫オーバーラン！』）、サツキ（『ぷりんせす・そーど！』）、伊毬（『ゆるゆる男子の花婿選び』）、和己（『吉永さん家のガーゴイル』）などである。これらは男性名でも女性名でもあり得るし、どこか女性名らしさが感じられたりするものだろう。その名を付けることで〈男の娘〉としてキャラクターを扱いやすい。また、読者もまた違和感をさほど覚えることなく読み進められるものだろう。

しかし実は右のような中性的な名前はそれほど多いとはいえない。それよりも左近（『アイドルになんかなりたくない！』）、辰吉（『えむえむっ！』）、信澄（『織田信奈の野望』）、秀吉（『バカとテストと召喚獣』）、幸村（『僕は友達が少ない』）、蘭丸（『ＭｉＸ！』）、フレデリック・リヒトクライス（『身代わり伯爵』シリーズ）など、古風な男性名が目に付く。このうち、津田

体	**ピルグリムメイデン 深紅の巡礼聖女**	あとみっく		玲音	2009-2010
体	**魔王様げ〜む**	メガミ	レイモンド	レモン	2009-2010
装	ウチの姫さまにはがっかりです	電撃	アッシュ・ウィリアック		2010-2011
装	エアリエル	電撃	マコト	マリア	2010-2011
装	王ディション！	SD		フローディア	2010-2011
装	**仰せのままにお嬢さま！**	二次元	純		2010
装	**カワイイお兄ちゃんなんて大キライ！**	美少女	遠野美智也	ミチ	2010
装	**セイギのミカタ　いちご模様は正義の印**	HJ	正樹	セイギのミカタ	2010
装	**ダブル×メイドは恋愛中！**	コバルト	陽太、美紅		2010
装	**花嫁の代償**	ルビー	仁希		2010
装	**花嫁はヤマトナデシコ**	コバルト	雫		2010
装	**不堕落なルイシュ**	MF	神倉ミタマ		2010
装	**僕たちは監視されている**	宝島	小日向祭		2010-2011
装	**僕は妹サマには逆らえない**	美少女			2010
装	**まなかみ！**	一迅社	経堂すぐる		2010
装	**MiX！**	スニーカー	須賀蘭丸	須賀蘭	2010-2011
装	**深山さんちのベルテイン**	GA	深山琥太郎(コタロー)		2010-2014
装	**お嬢様(わたし)のメイドは男の娘！**	美少女	ひなた		2010
体	**アンチ・マジカル〜魔法少女禁止法〜**	一迅社	佐倉真壱		2010
体	**神なる姫のイノセンス**	MF	神堂祐貴/神堂貴理		2010-2011
体	**ココロコネクト**	ファミ通			2010-2013
体	**だから僕は、Hができない。**	富士見F	良介(エロ介)		2010-2013
体	**ツイてない！**	MF	奏真琴		2010-2011
体	**らぶちゅー！ —ボクが女教師！？**	電撃	船生遙		2010
装	**アイドルになんかなりたくない！**	講談社X	井上左近		2011
装	**お嬢様のメイドくん**	一迅社	媛代雪風		2011
装	**オトミコ！僕は男の巫女娘**	あとみっく	鏡響		2011
装	俺ミーツリトルデビル！	電撃	楠持郎		2011-2012
装	**かりそめの花嫁**	ルビー	智里		2011
装/体	**可愛くなんかないからねっ！**	電撃	文野春		2011
装	**キャットテイル・アウトプット！**	MF	七文字綴		2011-2013
装	楠木統十郎の災難な日々	電撃	相馬和希		2011-2012
装	**嗜虐少女と絶頂少年**	ヴァージン	千鳥巧		2011
装	生徒会の金蘭　碧陽学園生徒会黙示録6	富士見F	中目黒善樹		2011
装	**男子キャバクラ　純情うさぎ**	プリズム	真季(まさき)		2011
装	**花嫁は男子校の番犬**	もえぎ	和泉春樹		2011
装	**魔王学校に俺だけ勇者！？**	HJ	黄泉原冥土(毒魔王)		2011-2013
装	魔よりも黒くワガママに魔法少女は夢をみる	ファミ通	ペイモン		2011
装	**百合×薔薇**	SD	花邑べにお		2011-2013
体	**G.L.**	SD	愛洲隼人	藍田伊織(イオリ)	2011-2012
体	シースルー！？	電撃	速水柾	両山臨美	2011
体	戦闘破壊学園ダンゲロス	講談社BOX	両性院男女		2011
体	**美少女を嫌いなこれだけの理由**	宝島			2011
体	**僕の妹は漢字が読める**	HJ	オオダイラ・ガイ		2011
体	**魔法少女ならぬ魔法中年が世界の平和を守る事になったようです**	あとみっく		ミラクルシュガー	2011
体	**義経変生譚**	Integral	源義経(九郎)		2011-2013
体	**目覚めると従姉妹を護る美少女剣士になっていた**	あとみっく	一条遼	一条はるか	2011-2012
体	**Replica Doll**	幻狼	エンデ・パストラナ/上月瑠璃	上月瑠璃/エンデ・パストラナ	2011

※「装」は女装、「体」は女体化を示す。

※太字はメインキャラクターが対象であることを示す。

※バカテス6.5巻等に見られる女装イベントは除外。

※女体化は異性化にかぎり、人間以外の物が女性化するケースは除外。

●表1　〈男の娘〉／女体化エンターテインメント小説一覧

	タイトル ※刊年順。太字は主人公作品	レーベル	人名(男子)	人名(女子)	刊年
装	**未来放浪ガルディーン**	スニーカー		シャラ・シャール・酒姫	1986,1998(改)-2000
体	**少女のようにキララかに**	ソノラマ			1988
体	**トマト畑クライシス**	コバルト	遥		1990
体	**俺はオンナだ！？**	ナポレオン		魔百合	1993
装	**ゆんゆん・パラダイス　少年注意報！**	ナポレオン	那緒		1993-1993,98-88(改)
体	**飛竜伝説―転生者カインの冒険**	ナポレオン	カイン		1994
体	**ファーレンの秘宝**	ナポレオン	アルマー/アリシア	アリシア/アルマー	1994、2005(改)
体	**マジックストーンは恋の罠**	アイス	みのり		1997、2002(改)
体	**りぼんシリーズ**	パレット		りぼん	2001
装	エロボン　erotic bomb	ＫＳＳ	優稀		2002
装	**少年舞妓・千代菊がゆく！**	コバルト	岡村美希也	千代菊	2002-2014
体	**トランスプリンセス**	二次元	レオン		2002-2003
体	**先輩とぼく**	電撃			2004-2005
装	吉永さん家のガーゴイル	ファミ通	吉永和己		2004-2008
体	**キリサキ**	富士見Ｍ		霧崎いづみ	2005
体	**シオナシ**	富士見Ｍ			2005
体	**マヴカレ魔法少女!**	二次元	南野心		2005
装	**カーリー**	ファミ通	アムリーシュ・ハヌワント・シン	カーリーガード・アリソン	2006
装	オオカミさんシリーズ	電撃	桐木リスト、田貫まこと	桐木リスト、田貫まこと	2006-2011
体	円卓生徒会	SD	ラーンスロット他		2006-2009
体	**けんぷファー**	MF	瀬能ナツル		2006-2010
体	**ぼくのご主人様！？**	富士見Ｍ	吉朗、千広他	吉香、館山千尋他	2006-2007
装	**えむえむっ！**	MF	葉山辰吉	タツミ・アントワネット16世	2007-2010
装	**がく×ぶる**	SD	御影美千緒		2007-2010
装	C3 -シーキューブ-	電撃	長曾祢虎徹(長曽祢虎徹入道興里)		2007-2013
装	**バカとテストと召喚獣**	ファミ通	吉井明久、木下秀吉	吉井秋子(明子・アキ)	2007-2015
装	身代わり伯爵シリーズ	ビーンズ	フレデリック、ルーディ		2007-2017
体	**AKUMAで少女**	HJ	滝沢僚/如月ゆり絵		2007-2008
体	**リヴァースキス**	電撃			2007
装	**影執事マルクシリーズ**	富士見Ｆ	クリストファ・マルドゥーク	クリスティーナ(クリス)	2008-2011
装	**クビツリハイスクール　戯言遣いの弟子**	講談社	いーちゃん		2008
装	**SH@PPLE―しゃっぷる―**	富士見Ｆ	淡谷雪国	淡谷舞姫	2008-2010
装	**ふたかた**	一迅社	高志	瑞希	2008
装	放課後の魔術師	スニーカー	鏑木倫		2008-2010
装	僕は友達が少ない	MF	楠幸村		2008-2015
装	迷い猫オーバーラン！	SD	クリス・ロンド		2008-2012
装	**身代わり花嫁のキス**	コバルト	泉爽人		2008
体	**鏡原れぼりゅーしょん**	一迅社			2008
体	**ぷりんせす・そーど**	GA	南天五月		2008-2011
装	**イバラ学園王子カタログ**	アイリス	クランツ王子		2009
装/体	**織田信奈の野望**	GA	津田信澄(装)、織田信長他	津田信澄(装)、織田信奈他(体)	2009-2019
装	**お姉ちゃんの弟くん**	美少女			2009
装	**豪華客船の花嫁**	コバルト	郁		2009
装	**蒼海ガールズ！**	GA	シューフェン		2009-2010
装	**で・こ・つ・ん★**	GA	真心		2009-2010
装/体	這いよれ！ニャル子さん	GA	ハスター(ハス太)、真尋/ニャル子	ハスター、ニャル子/真尋	2009-2014
装	眠れる城の黒王子	アイリス	クロエ		2009
装	**ゆるゆる男子の花婿選び**	講談社Ｘ	花園伊鞠		2009
装	**ようこそ青春世界へ！**	一迅社	双葉薫		2009
装	**ラッキーメイド天くん**	HJ	大黒天		2009
装	**レンタル花嫁**	コバルト	馨		2009
体	**アンシーズ　～刀侠戦姫血風録～**	SD	木之崎トモ	木之崎トモ	2009-2010
体	**クロノ×セクス×コンプレックス**	電撃	三村朔太郎	ミムラ・S・オールドマン	2009-2010

信澄、木下秀吉（木下藤吉郎、豊臣秀吉）は歴史上の人物名と同一であり、また楠幸村（←楠正成、真田幸村）、諏訪蘭丸（←森蘭丸）も歴史上の人物に基づくネーミングである。左近（双子の右近と対）も古めかしい印象を与えるものといえよう。しかも秀吉にいたっては、一人称が「ワシ」であり、語尾が「ジャ」体であり、およそ現実味がない。このように古色を帯びた男性名が目立つ。こうした現代とはかけ離れたネーミングが〈男の娘〉の架空性を印象付けることになっているだろう。

エンターテインメント小説では、男女の別なく珍奇な人名がしばしば見受けられるものだが、このように、こと〈男の娘〉となると、雪風、雪国、美千緒、美希也という、言わば美しさ、肌の白さを印象付ける名が与えられることが多い。その一方で、これらの対極をいくような古めかしく男らしい名前も見られるのであった。この大時代的なリアリティの無さがむしろ既成のファンタジーとは異なる空想世界を創出するファクターとして機能しているように思われる。

ではなぜ、彼らは〈男の娘〉なのだろうか。次にその女装理由についてみると、強制的に女装させられるという王道路線が目立つ。井上左近は不本意ながら母親に女装させられネットアイドルになり、媛代雪風はお嬢様の命令で女装して女子高に通うことになり、津田信澄は政略結婚のために大名の妹にさせられることになり、遠野美智也は妹に、また南天五月は同級生の女子に無理やり女装させられることになり、美希也は逃げた舞妓の代わりを務めることになり、諏訪蘭丸〈女装時の名は須賀蘭〉は部長をケガさせた責任をとって新体操部に入部することになったのである。

もちろん、彼らは一貫して「女装はいやだ」という気持ちを持っている。もっとも、彼らの場合、その羞恥心が〈男の娘〉としての魅力を惹き出すことになるのは言うまでもない。この点、リアル女装男子には求められない独自の特色である（というか、漫画・ゲームを含めて創作の設定であるというべきか）。

図2　春日みかげ・著、みやま零・イラスト『織田信奈の野望』6（ソフトバンククリエイティブ）　甲冑姿の津田信澄と男装の麗人浅井長政（女体化）。

女体化キャラクターを中心とする『織田信奈の野望』における男性キャラクターの一人に津田信澄がいる。信澄はこれとは反対に女装を楽しむところがあった（ただし異性愛者）。自身、その容貌に自信があり、また周囲からも認められている。

そして、浅井長政（女だが男装）との政略結婚の相手に悩んでいた信奈や配下の武将らによって信奈の妹に仕立てられて嫁入りすることになる。その後、政略結婚と割り切っていた長政は信澄と夫婦となるのだった。秘密を知ったあとも「尾張と近江をそれぞれ代表する美男美女の夫婦」（四巻二八六頁）と傍から見られる関係を維持する（図2）。

そのほか、情報収集や変装趣味から女装をするもの（桐木リスト）やマフィアから逃れるためというもの（クリス・ロンド）もいる。ただ、そうはいっても彼らは女装して美少女となり、またその状況を楽しんでいる。リストは高校のミスコンで「謎の美少女」として一位になったことを自慢気に話すし（一巻一四一頁など）、クリスは「自分が可愛いってわかってるタイプの生意気な子ども」（四巻九三頁）で、随所に女装を楽しむ言動が見える。

また、趣味や美の追求といった自発的な目的から〈男の娘〉になるものも多い。葉山辰吉や鏑木倫、フレデリック・リヒトクライスは趣味ということだ。田貫まことは美貌を追い求めることと、心が乙女であるという自覚から。クリストファ・マルドゥークはすべての女性の味方という信念をもつが、しかし心は男のままである。鏑木倫は「私、女装が趣味なんです。この通り、似合いますから」と言い切る（『放課後の魔術師』四巻一二八頁）。この発言は女装に自信のある人物にしばしばみられる典型的なものといえよう。

葉山辰吉は当初趣味で女装していたとはいえ、恥ずかしさから他人には秘密にしていた。しかし、主人公砂戸太郎やヒロイン結野嵐子からその容姿の美しさを絶賛されているうちに、別の人格が起ち上がってしまう。

「お、おお俺は……わたくしは……」

辰吉はぐわっと両腕を広げ背筋を反らせると、

「うううつく、うつくし、美しいフォオォオオォオォオオオォ――ッ!」と、大気が震えるほどの叫びを天に放った。（一巻二一八頁）

そして、最終的にはタツミ・アントワネット十六世と自称し、高慢な女王系の性格に定着する（この自称は四巻以降に使用される）。強制系にときどき見られるところの、煽られた後に女装に目覚める展開をずらした趣向といえよう。

楠幸村は常々男らしくなりたいと思っているが、そこをヒロインの三日月夜空に「真の男に近づく特訓だ」とそそのかされて女装しているという、屈折した設定である（一巻一九〇頁）。しかも実は女子だったというオチが付くので（五巻一三〇頁）、なおさら複雑にして異色のキャラクターとなっている（実は女子だったというオチにがっかりした読者は少なくなかったはず）。

非女装系

女装していなくても、内面的に〈男の娘〉の魅力を醸し出しているキャラクターは存在する。

その代表例が『バカとテストと召喚獣』の木下秀吉であり、もう一人は『這いよれ！　ニャル子さん』のハス太である。秀吉はなりゆき上女装する場合もあるが、漫画版やアニメ版と違って、原作は、その点、至って禁欲的である。そもそも、男子の姿のままで女らしさを出している。女子キャラクター目線で主人公吉井明久との関係を嫉妬され、また明久の基準では性別は「男」でも「女」でもなく「秀吉」だということである（本章冒頭の引用文参照）。

中性的であって、男でも女でもない存在として位置づけられている。ジェンダー概念が解体していると言ってもいいが、むしろ両性の魅力を備えた「双性美」（三橋順子『女装と日本人』講談社、二〇〇八年）を体現したキャラクターと評するほうが適切だろう。外見だけでなく、内面的にもそうである。本作品はとりたてて〈男の娘〉をテーマにする作品ではない。しかし秀吉は内外ともに〈男の娘〉として描写されている重要なキャラクターだ。

一方、クトゥルフ神話（二〇世紀初頭にアメリカで創作された神話）に基づく『這いよれ！　ニャル子さん』にサブキャラとして登場するハス太は、あざといヒロイン役であるニャル子（ニャルラトホテプ）や、ニャル子のことばかり妄想する美少女ニートのクー子（クトゥグア）以上に可愛いキャラクターとして描かれている。非女装であるが、明らかに〈男の娘〉萌えを狙ったキャラクター造形となっている。

ハス太はクトゥルフ神話における名状しがたきものであり、神なるものであるハスターのことである。しかし本編とは対照的に、本作品においては愛らしい美少年として描かれる。基本的にはショタ、つまり小さい男の子を愛でることという設定である。しかしたとえば、第六巻にニャル子のペットであるシャンタッ君（シャンタク鳥）と戯れる場面がある。引用は自粛するが、そこには露骨に獣姦を連想させる描写が見られ、さらに萌えキャラの濡れ場シーンで好んで用いられる「らめぇ」系のフレーズを口に出しつつ、受け役となっている。

ハス太は女装こそしていないが、容姿やしぐさ、言動がこのように、萌えるキャラクターとして描かれている。これに関して他のキャラクター例を挙げると、女装姿のクリス・ロンドは主人公都築巧に体を触られたとき、次のように述べている。

「はーなーしてっ！　もしかしてショタコンっ！」（四巻九四頁）

女装していながら、そのことではなく、年齢的な点で巧の嗜好を疑っているのである。前掲の甲冑姿の津田信澄も同様の例であるが、このように〈男の娘〉とショタとの境界は決め難い面がある。おそらく、〈男の娘〉キャラクターの広がりの中で従来のショタ要素が取り込まれていったものと思われる。

恋愛趣向

では次に恋愛趣向についてみてみよう。

系統的にいえば、男性向けの作品から派生したもの、女性向けの作品から派生したものがある。男性向けの需要はゲーム作品にはやくから見られた。同性愛や両性具有をテーマにした八《や》○《お》一《い》物やふたなり物によるキャラクター造形、それを受け入れる需要層の開拓がすでに行われていたことが大きいように思われる。一方、女性向けはＢＬ作品の一種の趣向として見られるものであった。ただ『少年舞妓・千代菊がゆく!』『身代わり伯爵』という二大長編作品に示されるように、ことさら〈男の娘〉の魅力が深められることはなく、あくまで設定上の属性として処理され、その上でストーリーに組み込まれるかたちだ。〈腐〉的な作品であっても、ＢＬの域にとどまるものなので、ディープな内容になればなるほど、男性読者の中には拒否反応を起こすものも多いかと思われる。

　基本的に恋愛趣向としては、女装はしても心は男の場合は、女子に近付いたり、ハーレム状態になったりすることが顕著である。一方、心が女であるゆえに女装する場合は、特定もしくは不特定の男を魅了することを楽しむ傾向が目立つ。女性向けの場合は、女装しようがしまいが、男同士の恋愛となり、女装はシチュエーションの一種ということになりやすいようである。そうした中で、中身は男ながら、女装したキャラクターに恋する女子というのは稀だ。もちろん無理やり犯す強制系の漫画ではそこそこ見られる趣向であるが、しかしライトノベルの中では稀少だという意味である。『バカとテストと召喚獣』に登場する玉野美紀はその点珍しい。

玉野は吉井明久自身ではなく、女装時に限って熱烈に萌えるのである。女装時のキャラクターに「アキちゃん」という名を与え、別人格を創り出し、それに恋している少女だ。いわば屈折した百合だ。「オタク界隈においても性別の倒錯嗜好がにわかに盛り上がっているよう見える部分もある」（詞野綾「融解する境界と昨今の物語参画」『Meta-Holic Syndrome』私家版、二〇一一年八月）という当時の状況を体現しているようである。

先述のハス太やクリス・ロンドは相手との関係性からいえばショタ物との境界線上にある。それに対して、吉井明久は作品全体ではＢＬ色濃厚ながらも、一部で百合物をにおわせる趣向も認められるのだった。

以上、簡単にライトノベルを主としたエンターテインメント小説の〈男の娘〉の特色を見てきた。基本的に男性の視点で作品が描かれる。その中で〈男の娘〉は客体（＝女性キャラクターと同等）に描かれる。そして女性的な魅力をもつキャラクターとしてこれまで見てきたような特色をもって表現されてきたのであった。言い換えれば、ライトノベルの〈男の娘〉はヒロインとしての役割以外はほとんど求められていない。その意味で一つの意味を与えられた記号的な萌えキャラと見なせるだろう。

ジュブナイル・ポルノ

ところで近代のゲイ小説は〈男の娘〉的な男性を「女」として客体化することもあるが、その反対に、雑誌投稿の実話もしくは実話風記事を含めて「女」の視点で描くことも多かった。同性愛者（男）が自分の体験談、あるいは体験談という設定で男との赤裸々な関係を記す視点は基本的に女のそれである。それに比べたら、ライトノベルの〈男の娘〉の描写は限定的に見える。キャラクターを記号的に扱うこのジャンルの傾向に拠るところが大きいだろうが、一方で全年齢向けのジャンルゆえの制約もあるのかもしれない。その点、隣接するジャンルであるジュブナイル・ポルノは自由に描写できる。

ライトノベル版官能小説というべきジュブナイル・ポルノというジャンルは、ナポレオン文庫（美少女文庫の前身）を嚆矢《こうし》とする。その後、あとみっく文庫やメガミ文庫など、続々と、とは言わないまでも、同種のレーベルがいくつか誕生して、現在に至る。ジュブナイル・ポルノでは、〈男の娘〉よりも女体化のほうが優勢だ。ナポレオン文庫がはやく一九九〇年代前半に『俺はオンナだ!?』（一九九三年）、『少年注意報！　ゆんゆん・パラダイス』（一九九四年）等の女体化作品を幾つか出しており、一つの流れを作った。一方の〈男の娘〉物は、管見では二〇〇九年の『お姉ちゃんの弟くん』（美少女文庫）、二〇一〇年の『カワイイお兄ちゃんなんて大キライ！』（同文庫）、『仰せのままにお嬢さま！』（二次元ドリーム文庫）などを俟たなくてはならない。つまり、〈男の娘〉ブームに乗ってこのジャンルでもようやく〈男の娘〉物が増加していったのである。

要するに、本来「男」であるところのキャラクターが「女」となり、そこから恋愛／性愛の物語が生まれてくる。ジュブナイル・ポルノでは、すでに一九九〇年代にこうしたトランスセクシャルなファンタジー（ＴＳＦ）の素地が形成されていた。そこに女装する「男」のキャラクターが取り入れられるようになっていったわけだ。女体化は言うまでもなく、〈男の娘〉もまたファンタジー世界の住人という要素を本質的に孕んで進展していったのである。

さて、ジュブナイル・ポルノを従来のゲイ小説とライトノベルとの間に位置付けてみると、ライトノベルが、基本的に全年齢向けという方針上、性的描写を避けただけで、ソフトなゲイ小説の延長という一面を持っていることが分かる。先述のハス太の官能的描写はこうした流れの中で現れたとみることもできるだろう。

ひるがえってリアル女装コスがレイヤーの多様な意思による自己表現のかたちであること、またそれを観る側の在り方も多様であるのに対して、ライトノベルが、多く、男性読者を想定したジャンルであることが作品コンセプトを規定していると考えられる。その結果として、求められる〈男の娘〉像は心身共に「女性」的であるということだった。

時分の花

今、「多様な意思による自己表現のかたち」と述べたが、そもそも女装の動機は人それぞれだ。ただ、ある程度は類型化できる。『季刊性癖』（フリーペーパー）ではアンケート結果を踏まえて「1 性的欲求解消型女装」「2 自己陶酔型女装」「3 女装している自分が本当の自分だと感じる型」「4 自己表現型女装」「5 誰かのために女装をする型」「6 性別なんて糞喰らえ型」と分類する（『女装と思想』一〈二〇一三年八月〉に転載）。先に紹介したライトノベルのキャラクターもこれらに当てはまるものが少なくないが、一方で、自分の意思からではなく、無理やり女装させられているキャラクターに萌えるという趣向（強制系）も多いのがライトノベルの特色であることは先述した。

リアルに話を戻すと、女装をする人たちにとって、3や6の型を除けば、美しさと若さは不可分であるという認識が強いようだ。四〇歳を過ぎた女装家による「老害と言われないように気をつけつつ、笑われるような女装ばかりじゃないよ、可愛いおばさんも悪くないぜ？ というものを感じてもらえるようでありたいと思う」という発言（榛名和希「女装コレクション序説」『女装と思想』三、二〇一四年八月）はそうした気持ちの裏返しなのだろう。

近年の女装家の一人で印象的な発言をしているのがあしやまひろこだ。「女装をして写真を撮られると、そこにはその一瞬が残る。それに象徴されるように、女装することで、永遠性というか、そういったものに近づける、行けるのではないかなと。永遠性の欠片のようなものを感じるといいますか」と述べている（某国立大学名誉教授T先生×くとの×あしやまひろこ「身体・哲学・異性装を語る」『女装と思想』一、二〇一三年八月）。あしやまに「刹那的永遠性の「男の娘」」という論考（『女装と思想』一所収）があるが、そのタイトルに用いられている「刹那的永遠性」が女装家たちにどの程度共有されている認識であるかは分からない。しかし、その生涯における短い間の刹那的な美は、世阿弥《ぜあみ》の語を借りるならば、「時分《じぶん》の花」ということだろう。

　まづ、童形なれば、何としたるも幽玄なり。声も立つ頃なり。二つの便りあれば、悪き事は隠れ、よき事はいよいよ花めけり。（『風姿花伝』日本古典文学全集）

元服前の稚児の時は、何をしても美しい。声も引き立って美しい。この二つがあれば、多少の欠点は隠れ、良い点がますます美しく華やかに見栄えするものだという。しかし、それはこの時期特有のものであって、本当の美ではない。この「時分の花」に甘んじることなく稽古に精進することで失せることのない花を得られるというわけだ。

　世阿弥はあくまで年齢ごとの芸について論じる中で、一二、三歳の時の特有の美としてこれを説いている。これを女装に対する考えにシフトさせると、「老害と言われないように」努める姿勢が世阿弥に近いかもしれない。ただ、時分の花を突き詰めると、刹那的永遠性という考えに至ることも確かである。結局、それはそれぞれの女装家が考えるべきことなのだろう。

読者諸氏は愛のかたちについて色々な考え方を持っているはずだ。しかしまず室町時代の文化的理解の前提として、異性愛が絶対的に正しいという認識だけはとりあえず捨てていただきたい。それだけで室町的な美を理解する心の奥行きができるに違いない。三橋順子が田中貴子の説を受けて主張するように（『女装と日本人』）、稚児はジェンダー的に「女」として愛情を向けられていたと考えられるからだ。世阿弥は稚児の芸の美について言及したわけだが、「童形なれば、何としたるも幽玄なり」というのは、芸以前に、稚児の存在そのものが美の対象と認識されていたことを示す。そしてその稚児は子どもという意味だけでなく、特定の役割をもった童形の男の子に対して特に使われるものだった。それが寺院組織に身を置く稚児である。

異性だから美しいと感じる、同性だから美しいと感じるということではない。その人自身の美しさに異性も同性もない。寺院組織は男性社会だ。その中で美しさを体現しているのが稚児である。肉体的には「男」であっても、美しい黒髪とふくよかな白い肌をもつ稚児は「女」と変わらない美の対象であった。

その稚児への愛のかたちは精神的な次元から肉体的な次元まで広範なものであった。この時代には『秋の夜《よ》の長物語』や『幻夢物語』など、稚児をめぐる恋愛物語の名作が生まれた。これを読んでみれば分かると思うが、美しいものを愛する心理の何をもって異常と言い、変態と蔑むのだろうか、さっぱりわからない。というのが室町の人々の常識ではなかったかと思う。

稚児の美の再発見

昭和時代は戦前期も戦後期も男色は広く蛮行・醜行・変態的行為と見なされた（佐伯順子『男の絆の比較文化史　桜と少年』岩波書店、二〇一五年）。また異常心理・異常性欲とも認識されてきた。戦後はそうした通念が変わらず続き、たとえば『風俗科学』（一九五三年創刊）のように、男色を異常性欲と捉え、その視点から論述したり、体験談あるいはそれを装ったエピソードを掲載したりする雑誌があった。もっとも倫理的に批判的な姿勢を取っているわけではなく、「異常」というレッテルを貼りつつ、多分に興味をそそるような娯楽性を兼ね備えていた。しかし一九七一年にくだるとエンターテインメント性の強い伊藤文學主宰の『薔薇族』が出て、男色を肯定的に扱った。その誌名は一九八〇年代には中高生にも知られるほどの知名度を誇った。

さて、そうした中で稚児を好事家的な男色趣味の域から掬《すく》い出し、神秘的な愛の対象として昇華させた作家に三島由紀夫がいる。三島は、男色文献を熱心に収集した書物マニアの江戸川乱歩や尾崎久彌とは異なる視点を持っていた。もっとも、彼らの収集活動は意味のないことではなく、これによって、念者《ねんじゃ》と若衆《わかしゅ》、陰間茶屋のような江戸時代風のイメージとは異なる室町的な美の世界が見えてきたからである。

三島が戦後一九五一年に発表した『禁色』は、稚児の神秘性を強調し、江戸時代以来の、あるいは明治大正期以降の男色文化とは隔絶した印象を与えている。主人公である初老の作家が愛人である男子大学生に向かい、『稚児の草子』を見せながら「欧羅巴《ヨーロッパ》の中世の聖母崇拝に相当するもの」がすなわち「稚児崇拝」だと説いている。稚児は聖母マリアのように崇拝すべき存在だったというのだ。

また形而上《けいじじょう》的存在としての性格を探求して掘り下げていった人物に稲垣足穂《いながきたるほ》がいる。足穂は男色文化に関心を持っていた戦前期の博物学者南方熊楠《みなかたくまぐす》を愛読していたが、熊楠は武家関係のことは詳しいが、「室町期のお伽草紙に属する稚児物、秋の夜の長物語や鳥辺山物語などに代表される神韻縹渺《しんいんひょうびょう》として衆道的月光界については、案外に関心がないようである」と評している（「男色考余談」一九七三年）。熊楠の視点は当時標準的なものであったが、足穂は明らかに室町期／江戸期の質的違いを認識している。足穂は室町の稚児に並々ならぬ関心を持っていたことも明らかだ。それは彼自身、少年期から謡《うたい》の稽古をし、能に造詣が深かったことにもよろうが、少年愛の探求がライフワークであったことが大きいだろう。「神韻縹渺」とは対象から感じ取られるが語り得ない、幽《かす》かで奥行きのある広がりを意味する。足穂は稚児に関する言説の中で、時々この難解な語を用いるが、能の幽玄な美と重ねているのではないだろうか。

『秋の夜の長物語』では稚児梅若は観音菩薩の化身であった。『幻夢物語』でも稚児を仏菩薩の化身とする。それよりも成立の古い『稚児観音縁起』はその名の通り、観音の化身としての稚児が描かれる。三島や今東光《こんとうこう》（『稚児』一九四七年）が注目したように、稚児灌頂《ちごかんじょう》という儀式

図3　複製版『稚児之草子絵巻』（辻晶子氏所蔵・撮影）

を通して実際に稚児を観音の化身として位置付けた（この儀式については辻晶子『児灌頂の研究　犯と聖性』〈法藏館、二〇二一年〉に詳述されている）。化身とは生身《しょうじん》の観音菩薩ということである。すなわち、稚児とはそのままの姿で観音であるという認識なのだ。

三島や足穂が強く関心を持った室町期の代表的作品に『稚児の草子』がある。性交の作法が具体的に描写されており、たいへん衝撃的なものである。特に足穂は原本の巻子本《かんすぼん》のまま複製を公刊するほどの思い入れようであった（**図3**）。すなわち一九七七年に刊行された『多留保《たるほ》判　男色大鑑』（角川書店）がそれで、限定販売三八〇部という稀覯本である。三島や足穂の影響は周辺の文化人に波及し、一九六〇年代から七〇年代にかけて、澁澤龍彦や笠井叡《あきら》、堂本正樹など、彼らと交流のある人的ネットワークから本作に関わるエッセイ、翻刻、現代語訳、舞踊などが生まれた。なお、

『稚児の草子』の受容史については、伊藤慎吾「稲垣足穂とお伽草子稚児物　戦後文学における中世物語受容の新側面」（『比較文化研究〈久留米大学比較文化研究所〉』五六、二〇二〇年一一月）をご参照願う。

稚児と〈男の娘〉

昭和戦後期の稚児の美の再発見は当時のアングラ的なカウンターカルチャーの中で共有されていった。そのため、漫画やアニメのファンダムを中心として形成されていったオタク文化に継承されることはなかった。足穂は『少年愛の美学』（一九六八年）の「はしがき」で「ジッドが『コリドン』のために文壇的地位を失いかけたようなことこそ、まさに文学者の面目ではないか」と述べている。稚児の美について語ることは、既成の価値観を超克《ちょうこく》する反骨精神の表れという側面があったことは明らかだろう。〈男の娘〉をもてはやす二〇一〇年当時のポップカルチャーの作り手／受け手たちにそれがあったのか。なかったというのが正解だろう。

三島や足穂、そして彼らに連なる文化人的ネットワークとかれらの支持層による『稚児の草子』の再評価は、社会的通念への反撥を通しての新しい価値観の創出という創造性が感じられるものだった。そういう意味では〈男の娘〉を形成していった動向には断絶がある。しかし、受け継がれたものもあった。

稚児に三島は中世ヨーロッパの聖母マリアへの信仰を重ね、足穂は神韻縹渺とした美を見出した。このことは、すなわち等身大の人間として稚児を見るのではなく、理想的な偶像として見ていたことを意味する。稚児すなわち観音と見る室町人の心性は彼らにより再発見された。男色を異常と見る通念が行き渡った社会の中で、その対象となる稚児の聖性を掬い取り、創作に取り入れ、また論じたのだ。

図4　堂本正樹「「稚児之草子」本文紹介」を収録する『夜想』15「特集　少年」(ペヨトル工房、1985年)

ゼロ年代以降、本章で取り上げてきたライトノベルやゲームなどの作品に見られるように、オタク文化の中で萌えキャラとして形成されてきた〈男の娘〉は本質的に二次元のキャラクターであった。すなわち二次元の住人であって、リアルではない。リアル女装男子が〈男の娘〉を表現しようとする場合もまた、二次元的萌えキャラを志向した。萌えキャラの聖性ということが言いたいのではない。〈男の娘〉を見る側の眼差しが昭和戦後期に再発見された稚児の聖性への眼差しと等しいのではないかということだ。

ただ、当時の女装家たちは稚児を自己表現に取り入れることはしなかった。今日の〈男の娘〉をめぐる環境は、リアルと二次元が融合した二・五次元の進化とともに広がっている。なお、『女装と思想』八〜九号（二〇一八〜一九年）において「バーチャルと装い」という特集が組まれており、参考になる。

最後に、ある女装家の「「男の娘」に対する「空想的・理想的」な認識は、「完全なるもの」に対する宗教的な信仰に通じる。「男の娘」は憧れ、また親しみ、時として畏敬を有する対象としてある」という言説（あしやまひろこ「刹那的永遠性の「男の娘」」『女装と思想』一、二〇一三年八月）を引用して本章を閉じよう。〈萌える〉偶像が聖性を体現する未来もあるかもしれない。

〈付記〉『多留保判　男色大鑑』については辻晶子氏に画像のご提供と併せ、種々ご教示を得た。お礼申し上げる。

画像リスト

【序章】
◆図1、2　曲亭馬琴「南総里見八犬伝」(国立国会図書館)
【第一章】
◆図1　松本楓湖「天照大神と須佐之男命」(広島県立美術館)
◆図2　中条比紗也『花ざかりの君たちへ』(白泉社)
◆図3　池田理代子『ベルサイユのばら』(集英社)©池田理代子プロダクション
◆図4　山崎将『歯医者さん、あタってます!』(集英社)
【第二章】
◆図1　住吉如慶筆『伊勢物語絵巻』二十三段「筒井筒」(東京国立博物館蔵)
Image:TNM Image Archives
◆図2　D・キッサン『千歳ヲチコチ』(一迅社)
◆図3　『源氏物語絵巻』若紫(天理図書館蔵)
【第三章】
◆図1　『The Shipper』第7話　©GMM TV COMPANY LIMITED, All rights reserved.
◆図2　『児今参り』第13段(甲子園学院蔵)
◆図3、4、5　伝後柏原院卿内侍筆『新蔵人物語』(大阪市立美術館蔵)
【第四章】
◆図1　歌川広重「巴御前」(太田記念美術館蔵)
◆図2　銕仙会2012年11月定期公演「巴」(シテ:観世淳夫)撮影:吉越 研
◆図3　手塚治虫「火の鳥　乱世篇」(小学館)©手塚プロダクション
◆図4　藤田和日郎『うしおととら外伝』(小学館)
【第五章】
◆図1　歌川芳幾『青砥稿花紅彩画』十三代目市村羽左衛門(五代目尾上菊五郎)の娘おなみ実ハ弁天小僧菊之助、文久2年(1862)3月(早稲田大学演劇博物館蔵)
◆図2　細木藤七編『〈挿／画〉違式詿違条例』洋々堂、1878年(国立国会図書館)
◆図3　河竹糸(河竹繁俊『黙阿弥全集　首巻』春陽堂、1925年)
◆図4　斉木久美子『かげきしょうじょ!!』(白泉社)
【第六章】
◆図1　劇団プロペラ『じゃじゃ馬馴らし』(Edward Hall提供・Manuel Harlan撮影)
◆図2　劇団スタジオライフ『じゃじゃ馬ならし』(劇団スタジオライフ提供)
【第七章】
◆図1　『おと☆娘』4(ミリオン出版　2011年)
◆図2　春日みかげ・著、みやま零・イラスト『織田信奈の野望』6(KADOKAWA)
◆図3　複製版『稚児之草子絵巻』(辻晶子氏所蔵・撮影)
◆図4　『夜想』15(ペヨトル工房　1985年)

引用文献・参考文献リスト

第一章

【引用文献】

◆山口佳紀・神野志隆光　校注・訳『古事記　新編日本古典文学全集1』小学館、1997年
◆三角洋一・石埜敬子　校注・訳『住吉物語・とりかへばや物語　新編日本古典文学全集39』小学館、2002年

【参考文献】

◆木村朗子『恋する物語のホモセクシュアリティ宮廷社会と権力』青土社、2008年
◆佐伯順子『「女装と男装」の文化史』講談社、2009年
◆竹村和子『フェミニズム　思考のフロンティア』岩波書店、2000年
◆千野香織『美術史のジェンダー』(『美術史』43-2、1994年3月)

第二章

◆三角洋一・石埜敬子　校注・訳『住吉物語・とりかへばや物語　新編日本古典文学全集39』小学館、2002年
◆樋口芳麻呂・久保木哲夫　校注・訳『無名草子・松浦宮物語　新編日本古典文学全集40』小学館、1999年
◆三谷栄一・稲賀敬二・三谷邦明　校注・訳『落窪物語・堤中納言物語　新編日本古典文学全集19』小学館、2000年
◆阿部秋生・秋山虔・今井源衛・鈴木日出男　校注・訳『源氏物語1　新編日本古典文学全集20』小学館、1994年
◆市古貞次・三角洋一編『鎌倉時代物語集成　第1巻』笠間書院、1988年
◆阿部泰郎監修、江口啓子・鹿谷祐子・玉田沙織編『室町時代の少女革命　「新蔵人」絵巻の世界』笠間書院、2014年
◆陸奥速男作・河目悌二画『あべこべ玉絵本（少女倶楽部7月号附録）』大日本雄辯會講談社、1933年
◆伊勢物語研究会編『住吉如慶筆　伊勢物語絵巻』思文閣出版、2019年
◆服藤早苗「平安朝の異性装―東堅子を中心に」(『歴史のなかの異性装　アジア遊学210』勉誠出版、2017年6月)
◆木村朗子「宮廷物語における異性装」(同上)
◆宮崎駿『風の谷のナウシカ1』徳間書店、1983年
◆中野貴文「走る女と忘れられた帝―『竹取物語』から『かぐや姫の物語』への継承と乖離」(『高畑勲をよむ　文学とアニメーションの過去・現在・未来』三弥井書店、2020年)
◆『かぐや姫の物語』2013年9月17日中間報告会見（『鈴木敏夫のジブリ汗まみれ』2013年10月17日配信　https://www.tfm.co.jp/asemamire/index.php?itemid=72003）
◆岡嶌偉久子「天理図書館名品紹介『やまとの名品』002源氏物語絵巻　若紫・末摘花巻（重要文化財）」(『陽気』養徳社、2007年2月)
◆河添房江「源氏絵に描かれた衣裳　院政期から近世まで」(『比較日本学教育研究部門研究年報』14、2018年3月)
◆木谷眞理子「源氏絵の服飾表現」(『王朝文学と服飾・容飾』竹林舎、2010年)
◆嵯峨景子『氷室冴子とその時代』小鳥遊書房、2019年

第三章

【引用文献】

引用および参照した資料の底本は以下の通り。なお、『在明の別』の現代語訳は著者による。

◆『在明の別』:市古貞次・三角洋一編『鎌倉時代物語集成　第1巻』笠間書院、1988年
◆『風に紅葉』:大倉比呂志・鈴木泰恵編『校注　風に紅葉』新典社、2012年
◆『源氏物語』:阿部秋生・秋山虔・今井源衛・鈴木日出男　校注・訳『源氏物語1　新編日本古典文学全集20』小学館、1994年
◆『とりかへばや物語』:三角洋一・石埜敬子　校注・訳『住吉物語・とりかへばや物語　新編日本古典文学全集39』小学館、2002年
◆『新蔵人物語』:阿部泰郎監修、江口啓子・鹿谷祐子・玉田沙織編『室町時代の少女革命『新蔵人』絵巻の世界』笠間書院、2014年
◆『児今参り』:阿部泰郎監修、江口啓子・鹿谷祐子・末松美咲・服部友香編『室町時代の女装少年×姫　『ちごいま』物語絵巻の世界』笠間書院、2019年
◆『我が身にたどる姫君』:大槻修・大槻福子　校訂・訳注『我が身にたどる姫君・上　中世王朝物語全集20』笠間書院、2009年、片岡利博　校訂・訳注『我が身にたどる姫君・下　中世王朝物語全集21』笠間書院、2010年
【参考文献】
◆江口啓子「男装と変成男子　『新蔵人』絵巻に見る女人成仏の思想」(『中世文学』65号、2020年6月)
◆勝浦令子「尼削ぎ攷」(大隅和雄・西口順子編『尼と尼寺　シリーズ女性と仏教1』平凡社、1989年)
◆木村朗子「宮廷物語における異性装」(服藤早苗・新實五穂編『歴史のなかの異性装　アジア遊学210』勉誠出版、2017年6月)
◆黒田日出男『増補　姿としぐさの中世史』平凡社、2002
◆Sachi Schmidt-Hori, "Nonbinary Genders in Genji, the New Chamberlain, and Beyond", *The Tale of Genji* (Norton Critical Editions, edited by Dennis Washburn, W. W. Norton & Company, 2021)
◆宮崎裕子「紅梅の御方論:『源氏物語』における紫の上の遺志の継承をめぐって」(『語文研究』108/109、2010年6月)

第四章

【引用文献】

◆延慶本『平家物語』:汲古書院『延慶本平家物語全注釈』
◆覚一本『平家物語』:岩波日本古典文学大系『平家物語』
◆百二十句本『平家物語』:新潮日本古典集成『平家物語』
◆『源平盛衰記』:三弥井書店中世の文学『源平盛衰記』
◆『吾妻鏡』:吉川弘文館新訂増補国史大系『吾妻鏡』
◆謡曲「巴」:岩波日本古典文学大系『謡曲集』
◆古浄瑠璃「ともへ」:阪口弘之「〔ともへ〕(紹介と翻刻)」『人文研究』41-4(1990年1月)
◆古浄瑠璃「きそ物がたり」:『古浄瑠璃正本集』第二
◆浄瑠璃「信濃源氏木曾物語」:『近松全集』第三
そのほか近現代のものは本文中に示した。
【参考文献】
◆水原一「巴の伝説・説話」(『平家物語の形成』加藤中道館、1971年)
◆高木信「戦場を踊り抜ける」『平家物語・装置としての古典』(春風社、2008年)
◆田中貴子「教科書を読み直す　木曽の最期　『平家物語』から」(『検定絶対不合格教科書　古文』朝日選書、2007年)
◆細川涼一「巴—大力の女性の伝説」(『「平家物語」の女たち　大力・尼・白拍子』講談社現代新書、1998年)

◆源健一郎「巴の変貌　大力伝承の共鳴」(『日本文藝研究』56-4、2005年3月)
◆源健一郎「巴に求められたもの―源平盛衰記の女武者像」(『国文学解釈と鑑賞』70-3、2005年3月)
◆濱中修「巴の神話学　『源平盛衰記』を中心に」(『国士舘人文学』1、2010年3月)
◆井上翠「『源平盛衰記』の巴の物語」(『早稲田大学大学院教育学研究科紀要 別冊』26-2、2019年3月)
◆高橋永行「国語辞書における「板額」の語釈に対する疑義」(『山形県立米沢女子短期大学紀要』39、2003年12月)
◆阪口弘之「軍記読物浄瑠璃の成立　浄瑠璃と草子本」(『古浄瑠璃・説経研究　近世初期芸能事情　下巻　近世都市芝居事情』和泉書院、2020年)
◆森節男「古浄瑠璃『平家物語』の女武者について　巴、山吹と静に注目して」(『学芸古典文学』8、2015年3月)
◆中野真麻理「稲荷新左衛門のこと」(『国文学研究資料館紀要』27、2001年3月)
◆安藤常次郎「謡曲「巴」の構想と典拠」(『演劇研究』4、1970年3月)
◆大谷節子「作品研究『巴』」(『観世』58-4、1991年4月)
◆鳥居フミ子「巴の女武道」(『伝承と芸能　古浄瑠璃世界の展開』武蔵野書院、1993年)
◆阪口弘之「金平浄瑠璃のはじまり　『きそ物かたり』の周辺」(『古浄瑠璃・説経研究　近世初期芸能事情　下巻　近世都市芝居事情』和泉書院、2020年)
◆岩城賢太郎「『平家物語』から謡曲、そして古浄瑠璃へ　『木曽最期』を語った古浄瑠璃の様相」(『筑波大学平家部会論集』12、2007年3月)

第五章

【参考文献】

◆東芙美子『梨園の娘』KADOKAWA、2013年
◆今尾哲也「二世河竹新七作『富士額男女繁山』を読む」(『歌舞伎　研究と批評』45、2010年)
◆河竹繁俊「河竹糸女略伝」(『黙阿弥全集　首巻』春陽堂、1925年)
◆河竹登志夫『作者の家　黙阿弥以後の人びと』講談社、1980年(のち岩波現代文庫、2001年)
◆河竹黙阿弥「富士額男女繁山」(『黙阿弥全集　第12巻』春陽堂、1925年)
◆金智慧「河竹黙阿弥作「富士額男女繁山」の作劇法　辻番付のカタリを手掛かりに」(『待兼山論叢』52、2018年)
◆糀谷キヤ子『かぶきドロップ』実業之日本社、2016年
◆国立歴史民俗博物館監修、「性差の日本史」展示プロジェクト編『新書版　性差の日本史』インターナショナル新書、集英社インターナショナル、2021年
◆近藤史恵『桜姫』角川書店、2002年(のち角川文庫、2008年)
◆斉木久美子『かげきしょうじょ!!』(全2巻)ヤングジャンプ・コミックス、集英社、2013～14年(のち『かげきしょうじょ!!　シーズンゼロ』花とゆめコミックススペシャル、白泉社、2019年)
◆斉木久美子『かげきしょうじょ!!』(既刊13巻)花とゆめコミックススペシャル、白泉社、2015年～
◆武内昌美『True Romance』(全6巻)フラワーコミックス、小学館、1998～99年
◆長島淳子『江戸の異性装者たち　セクシュアルマイノリティの理解のために』勉誠出版、2017年
◆富司純子・寺島しのぶ「完璧な母と、がむしゃら娘の49年　性格が真逆だからこそ「私は私」と割り切って　富司純子×寺島しのぶ」『婦人公論』2022年4月号
◆光延真哉「歌舞伎の異性装　南北・黙阿弥の作品を中心に」(『説話・伝承学』30、2022年)

第六章

【参考文献】

◆Billington, Michael. *The Guardian*, 5 May 1978.
◆Bulman, James C. 'Queering the Audience: All-Male Casts in Recent Productions of Shakespeare'. *A Companion to Shakespeare and Performance*. eds. Barbara Hodgdon and W. B. Worthen. Chichester: Wiley-Blackwell, 2005. 564-587.
◆Carson, Christie and Farah Karim-Cooper. eds. *Shakespeare's Globe: A Theatrical Experiment*. Cambridge: Cambridge University Press, 2008.
◆Gurr, Andrew. *The Shakespeare Company: 1594-1642*. Cambridge: Cambridge University Press, 2004.
◆Hall, Edward. 'We don't pigeonhole actors': The director talks to Alastair Macaulay about his all-male theatre group Propeller (interview). *Financial Times*, 15 January 2007.
◆Kathman, David. 'How Old were Shakespeare's Boy Actors?'. *Shakespeare Survey* 47 (2007): 220-246.
◆Pavis, Patrice. *Dictionary of the Theatre: Terms, Concepts, and Analysis*. Toronto and Buffalo: University of Toronto Press, 1998.
◆Shapiro, Michael. *Gender in Play on the Shakespearean Stage: Boy Heroines and Female Pages*. Ann Arbor: University of Michigan Press, 1994.
◆Smith, Peter J. *Antony and Cleopatra*, directed by Giles Block (review), The Globe, London, 30 July 1999. *Cahiers Elisabethains* 57 (2007): 124-126.
◆Shakespeare, William. *The Taming of the Shrew* (Propeller Shakespeare). eds. Edward Hall and Roger Warren. London: Oberon Books, 2013.
◆小林かおり『じゃじゃ馬たちの文化史　シェイクスピア上演と女の表象』南雲堂、2007年
◆R. M. デッカー、L. C. ファン・ドゥ・ポル『兵士になった女性たち　近世ヨーロッパにおける異性装の伝統』大木昌訳、法政大学出版局、2007年
◆スタジオライフ音楽劇『じゃじゃ馬ならし』プログラム、博品館劇場、2010年
◆蜷川幸雄インタビュー、インタビュアー佐藤さくら『ステージぴあ』2007年　http://t.pia.jp/interview/stage/karasawagi.html.
◆ジュディス・バトラー『ジェンダー・トラブル　フェミニズムとアイデンティティの攪乱（新装版）』竹村和子訳、青土社、2018年
◆三橋順子『歴史の中の多様な「性」　日本とアジア　変幻するセクシュアリティ』岩波書店、2022年
◆森新太郎・吉田羊「森新太郎×吉田羊、オール女性キャスト『ジュリアス・シーザー』への意気込みを語る」『SPICE ―エンタメ特化型情報メディア』2021年8月28日　https://spice.eplus.jp/articles/291075（2021年11月1日）
◆山本吉之助『女形の美学　たおやめぶりの戦略』アルファベータブックス、2015年
◆シェイクスピア著、松岡和子翻訳『アントニーとクレオパトラ』筑摩書房、2011年
◆倉田淳、スタジオライフ音楽劇『じゃじゃ馬ならし』上演台本、博品館劇場、2010年
◆スタジオライフ音楽劇『じゃじゃ馬ならし』［DVD］、五十嵐大輔（監督）、倉田淳（台本、作詞、演出）、ポニーキャニオン、2010年

中根千絵　なかね・ちえ　日本説話文学研究者、愛知県立大学教授。1967年、愛知県生まれ。名古屋大学大学院文学研究科博士課程後期課程修了。著書に『今昔物語集の表現と背景』（三弥井書店）、編著に『いくさの物語と諧謔の文学史』（三弥井書店）、共編著に『名古屋謎解き散歩』（KADOKAWA）など。

本橋裕美　もとはし・ひろみ　愛知県立大学准教授。1983年、埼玉県生まれ。一橋大学大学院言語社会研究科博士後期課程修了。博士（学術）。『源氏物語』を中心とした平安文学、物語文学、また文学、歴史における女性をテーマとした研究を行っている。著書に『斎宮の文学史』（翰林書房）など。

東望歩　あずま・みほ　金城学院大学准教授。名古屋大学大学院文学研究科博士後期課程修了。博士（文学）。同大学助教などを経て、2018年より現職。『枕草子』など平安朝の文学作品を中心に、作品の表現世界やその背景にある文化・歴史について研究している。

江口啓子　えぐち・けいこ　豊田工業高等専門学校講師。名古屋大学大学院人文学研究科博士後期課程修了。博士（文学）。中世の絵入り物語をテクストと絵画の両面から研究している。共著に『室町時代の少女革命：『新蔵人』絵巻の世界』（笠間書院）、『室町時代の女装少年×姫　『ちごいま』物語絵巻の世界』（笠間書院）など。

森田貴之　もりた・たかゆき　南山大学准教授。1979年、京都府生まれ。京都大学大学院文学研究科博士課程退学。國立臺灣大学ポスドク研究員、南山大学講師を経て、現職。専門は軍記物語および軍記物語受容史研究、和漢比較文学研究。著書に『日本人と中国故事』（共編・勉誠出版）、『奈良絵本『太平記』の世界』（共編・勉誠出版）など。

日置貴之　ひおき・たかゆき　演劇研究、明治大学准教授。1987年、東京都生まれ。東京大学大学院人文社会系研究科博士課程修了。博士（文学）。幕末・明治期の歌舞伎を中心に演劇と戦争、災害、疫病等の関係などを研究している。著書に『変貌する時代のなかの歌舞伎 幕末・明治期歌舞伎史』（笠間書院）など。

阪本久美子　さかもと・くみこ　日本大学教授。英国バーミンガム大学シェイクスピア研究所にて博士号（Ph.D）取得。専門はシェイクスピアの上演批評。『緑の信管と緑の庭園』（音羽書房鶴見書店）、『日本のシェイクスピア上演研究の現在』（風媒社）、*Shakespeare in Asia: Contemporary Performance*（ケンブリッジ大学出版局）などに寄稿。

伊藤慎吾　いとう・しんご　日本古典文学専攻、國學院大學栃木短期大学准教授。埼玉大学・博士（学術）。1972年、埼玉県生まれ。國學院大學大学院博士課程修了。「古典と現代」をテーマに研究している。ファンタジー好き。主著に『南方熊楠と日本文学』（勉誠出版）、『擬人化と異類合戦の文芸史』（三弥井書店）、『中世物語資料と近世社会』（同）など。

異《い》性《せい》装《そう》
歴《れき》史《し》の中《なか》の性《せい》の越《えっ》境《きょう》者《しゃ》たち

インターナショナル新書一一七

二〇二三年二月一二日　第一刷発行

著　者　中《なか》根《ね》千《ち》絵《え》
本《もと》橋《はし》裕《ひろ》美《み》
東《あずま》　望歩《みほ》
江《え》口《ぐち》啓《けい》子《こ》
森《もり》田《た》貴《たか》之《ゆき》
日《ひ》置《おき》貴《たか》之《ゆき》
阪《さか》本《もと》久《く》美《み》子《こ》
伊《い》藤《とう》慎《しん》吾《ご》

発行者　岩瀬　朗

発行所　株式会社　集英社インターナショナル
〒一〇一－〇〇六四
東京都千代田区神田猿楽町一－五－一八
電話　〇三－五二一一－二六三〇

発売所　株式会社　集英社
〒一〇一－八〇五〇
東京都千代田区一ツ橋二－五－一〇
電話　〇三－三二三〇－六〇八〇（読者係）
〇三－三二三〇－六三九三（販売部）書店専用

装　幀　アルビレオ

印刷所　大日本印刷株式会社

製本所　加藤製本株式会社

Printed in Japan　ISBN978-4-7976-8117-8　C0295

インターナショナル新書

083

新書版 性差《ジェンダー》の日本史

国立歴史民俗博物館監修
「性差の日本史」展示プロジェクト編

日本のジェンダー１８００年の旅へ——。日本で「男」と「女」という区分はいつ生まれたのか？ 社会の中でジェンダーがどのような意味を持ち、どう変化してきたのか？ 豊富な資料を通してこれらの問いについて考える。

094

「隠しアイテム」で読み解く春画入門

鈴木堅弘

「行為」以外に注目すると春画はもっと面白い！ 置かれている手鏡の意味は？ 煙草、はさみ、着物の柄……春画に隠されたアイテムの意味を読み解けば、より奥深い江戸情愛の世界が。画期的な春画入門書。

116

捨て去る技術
40代からのセミリタイア

中川淳一郎

時代の先端から突如セミリタイアし、地方に移住。その行動はネット、スマホ、仕事、友人、家族との訣別であり、バカがあふれる日本を捨て、去り、切ることだった。著者の半自伝にして、捨て方の指南書。

118

あのＳＦはどこまで実現できるのか
テクノロジー名作劇場

米持幸寿

昭和から平成の人気ＳＦ作品に描かれた心躍るテクノロジーの数々を、現代の科学技術で検証。ＩＴ化、自動運転、ＡＩ技術、音声認識など、テクノロジーの現在地を、名作を振り返りながら検証していく。